MANUAL DE YOGA PARA MULHERES EXAUSTAS

MANUAL DE YOGA PARA MULHERES EXAUSTAS

Bruna Bali

academia

Copyright © Bruna Bali, 2025
Copyright © Editora Planeta do Brasil, 2025
Todos os direitos reservados.

Preparação: Fernanda Simões Lopes
Revisão: Valquíria Matiolli e Wélida Muniz
Projeto gráfico e diagramação: Gisele Baptista de Oliveira
Ilustrações de capa e miolo: Bruna Frog
Capa: Renata Spolidoro

DADOS INTERNACIONAIS DE CATALOGAÇÃO NA PUBLICAÇÃO (CIP)
ANGÉLICA ILACQUA CRB-8/7057

Bali, Bruna
 Manual de yoga para mulheres exaustas / Bruna Bali. – São Paulo : Planeta do Brasil, 2025.
 176 p. : il.

 ISBN 978-85-422-3420-6

 1. Yoga 2. Bem-estar 3. Saúde mental I. Título

25-1135 CDD 796.4

Índice para catálogo sistemático:
1. Yoga

MISTO
Papel | Apoiando o manejo florestal responsável
FSC® C005648
www.fsc.org

Ao escolher este livro, você está apoiando o manejo responsável das florestas do mundo, e outras fontes controladas

2025
Todos os direitos desta edição reservados à
Editora Planeta do Brasil Ltda.
Rua Bela Cintra, 986, 4º andar – Consolação
São Paulo – SP – 01415-002
www.planetadelivros.com.br
faleconosco@editoraplaneta.com.br

Sumário

Apresentação 10

Capítulo 1   Carta aberta 12

Capítulo 2   Guerreiras ou sobrecarregadas? 16

Capítulo 3   Cientificamente falando... 22

Capítulo 4   Por que uma boa noite de sono não é suficiente? 28

               Sono leve 30

               Sono intermediário 30

               Sono profundo 30

               Sono REM 31

Capítulo 5   O que o yoga tem a ver com isso? 32

Capítulo 6   O poder das respirações 36

Capítulo 7 Yoga é pra todo mundo? 40

Capítulo 8 Não consigo parar de pensar! 44
   Na psicologia – eu superior 46

Capítulo 9 Meditação e relaxamento: irmãos gêmeos, mas não são a mesma pessoa 48

Capítulo 10 Tá, mas e como começar? 54
   Acessórios necessários 56
   E o tapetinho? 56
   Roupa adequada 57
   Melhor horário 58

Capítulo 11 Como saber se estou na postura certa? 60
   A base de todas as posturas 62

Capítulo 12 Faça um teste aqui comigo 69

Capítulo 13 **Posturas para investir** 72

    Flexão: encontrando
calma e segurança 75

    Extensão: despertando
coragem e disposição 78

    Torção: desintoxicando
o corpo e a mente 82

    Lateralização: encontrando
equilíbrio e fluidez 85

    Tração: reconectando-se
com a força interior 88

Capítulo 14 **Respirações** 92

    Respiração abdominal:
conectando-se com o centro 94

    Respiração completa:
integrando corpo e mente 95

    Respiração das narinas alternadas:
encontrando equilíbrio 97

    Respiração do crânio brilhante:
ativando a energia interior 100

    Respiração Ujjayi:
a respiração do oceano 102

    Respiração Sitali:
refrescando o corpo e a mente 103

Capítulo 15 **Torne-se capaz de meditar!** 104
Encontre sua âncora 107
Caminhando e meditando 109
Meditação com um docinho! 111
Personificando seus pensamentos 113
Yoga Nidra 115

Capítulo 16 **Sequências completas** 120
Você está pronta! 121
Mergulhando em mim 122
Seu corpo é perfeito
da forma como ele é! 123
Entendendo os cards 125
Faça para os dois lados 129
Minha primeira prática 130
Dormindo profundamente 132
Recarregando as baterias 134
Preciso de uma pausa 136
Aliviando a exaustão 138
Tirando o peso das costas 140

Energizando as pernas 142

Despertando a coragem 144

Acordando com energia 146

Uma dose de amor-próprio 148

Sou capaz e forte 150

Reconheço e abraço
os meus limites 152

Concentração e foco 154

Um respiro de conforto 156

Aliviando o estresse 158

Autocuidado diário 1 160

Autocuidado diário 2 162

Aliviando cólicas 164

Aquietando a mente 166

Para esquecer os problemas 168

Me acolho e me abraço 170

Capítulo 17 Recadinho final 172

Agradecimentos 174

Apresentação

Este não é um livro comum de yoga. Meu objetivo é que ele alcance mulheres que estão exaustas. Mulheres como eu e você, que não aguentam mais a sobrecarga de uma rotina desgastante, com inúmeras funções acumuladas e que vêm sentindo diariamente todos os malefícios de não conseguir – ou simplesmente não poder – parar.

Espero que, com este livro, essas mulheres consigam encontrar um passo a passo para pausar, respeitando as suas mais diversas realidades. Nas páginas a seguir, elas vão aprender que é possível encaixar no dia a dia técnicas simples e rápidas do yoga que farão toda a diferença para que elas encontrem um respiro na rotina agitada.

E digo isso com absoluta tranquilidade, pois por muito tempo também achei que o yoga não era para mim. Esse cenário mudou quando em 2016, ao ser diagnosticada com transtorno de ansiedade, decidi me aprofundar nos estudos dessa prática e acabei me apaixonando pelo universo que a envolvia. A partir de então, resolvi que seria uma das pioneiras em transformar o yoga em uma ferramenta de bem-estar para mulheres de todo o Brasil.

Indo além dos estereótipos e da linguagem tradicional muitas vezes encontrados nas aulas e nos materiais que tratam sobre yoga, este livro será divertido, leve e acessível, de um jeito bem característico. Ele é para quem não tem tempo, para quem não consegue ficar parada, para quem acha que o corpo não é capaz de fazer yoga.

Vou mostrar que essa prática não significa somente posturas bonitas e longas meditações: fazer yoga diz respeito, na verdade, a fazer técnicas que vão recuperar a sua vitalidade, liberando o cansaço, o esgotamento e as dores que tanto estão presentes em um corpo estressado e exausto.

Com capítulos curtos e didáticos, o yoga será aqui abordado desde a teoria até a prática, incluindo sugestões de sequências completas, para que as leitoras se tornem capazes de praticá-lo sozinhas, usando este livro como um manual, um *Manual de yoga para mulheres exaustas*.

(1)

Carta aberta

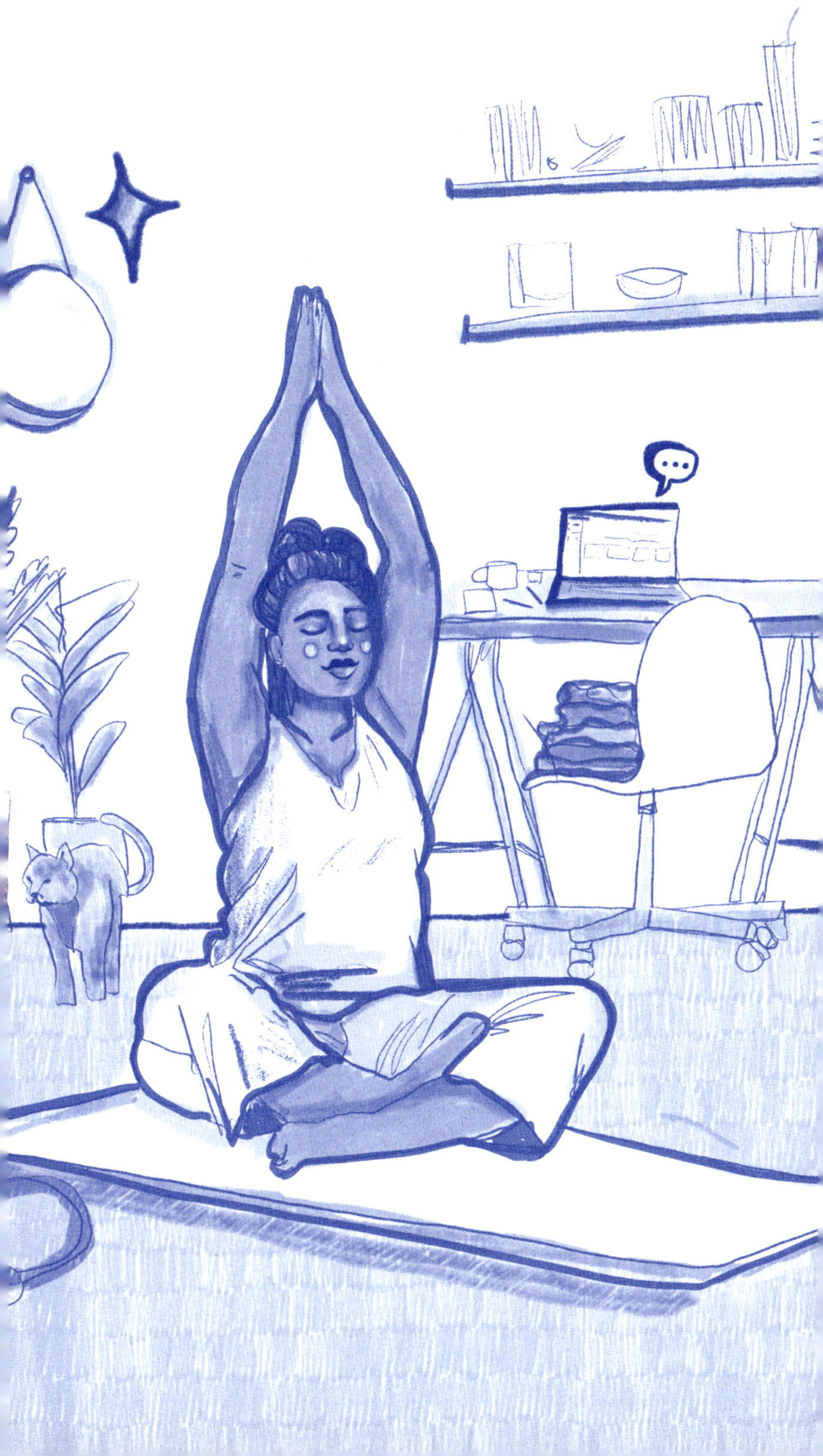

Eu tinha 21 anos quando te conheci, ou pelo menos descobri que você tinha um nome. Foi por sua causa que perdi a vontade de comer, de sair de casa, de ver minha família e meus amigos. Existir se tornou algo muito pesado. Logo eu, que escolhi a biologia como profissão por amar estudar a vida, me vi sem querer viver.

Não sei se tudo começou aos 9 anos, após vivenciar um episódio de abuso sexual e não ter forças para contar para ninguém; ou se foi toda a violência que sofri naquele relacionamento abusivo que começou como um conto de fadas; ou se veio depois da faculdade, com o estresse de precisar arrumar emprego para finalmente ter minha independência. Apesar dos motivos, eu me acostumei a sentir você em cada célula do meu corpo.

Aprendi desde nova que uma menina da Baixada Fluminense, no Rio de Janeiro, teria que renunciar a muita coisa para crescer profissionalmente. E, sempre que eu precisava fazer uma escolha, o caminho mais lógico era abrir mão de mim mesma e deixar o que fazia os meus olhos brilharem para depois. Todo meu tempo estava voltado para construir um futuro imaginário, que, para ser sincera, nunca se concretizou. Passei a viver no famoso "automático", e você foi ganhando cada vez mais espaço no meu cotidiano.

Mas eu não me culpo (tampouco a minha família ou outras pessoas de meu convívio). Você é um problema coletivo e muito comum no nosso país. Eu te enxergo na insônia da minha mãe, nas preocupações excessivas do meu pai, nos muros altos da casa da minha vó, no dia a dia corrido da minha prima. E seria impossível não esbarrar com você em algum momento.

Usei meus conhecimentos como bióloga para te entender e encontrar alternativas para aprender a lidar com você. E, finalmente, hoje eu sei ler os seus sinais no meu corpo e buscar um equilíbrio na minha rotina.

Espero que eu ajude muitas mulheres a reduzirem o seu impacto na vida delas através deste livro ao qual estou tendo o privilégio de me dedicar.

Com amor,
Bruna.

Para: Minha Exaustão

(2)

Guerreiras ou sobrecarregadas?

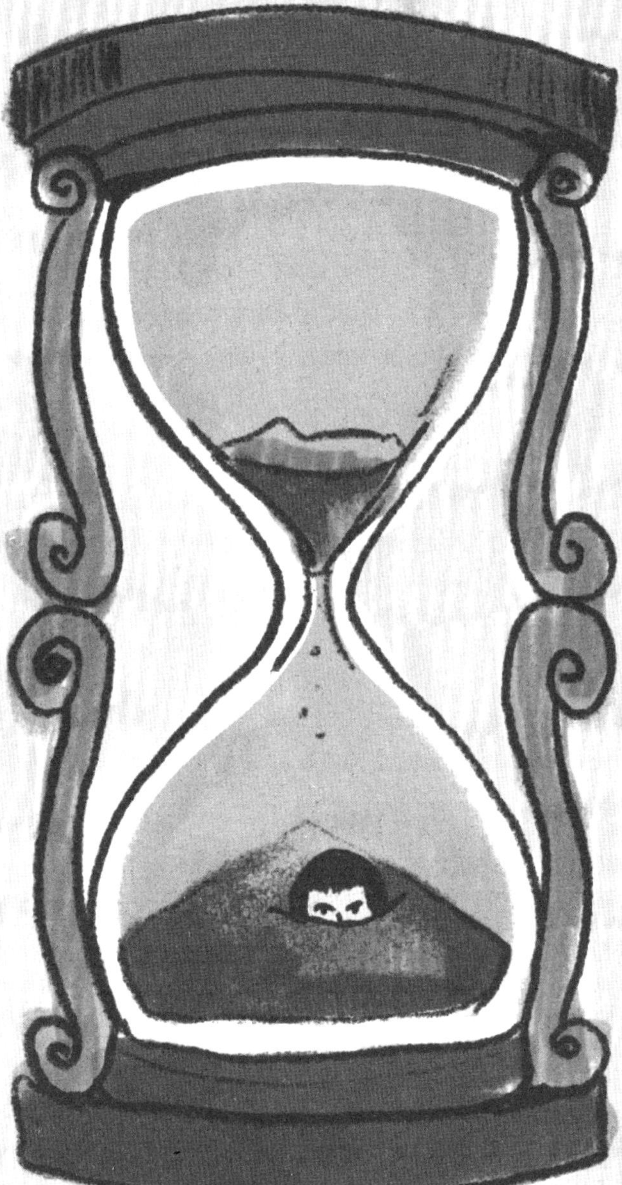

Desde a Revolução Industrial no Brasil, em meados da década de 1930, período em que se deu a decolagem do desenvolvimento brasileiro, e o país rompeu com suas bases agrárias, tradicionais e de caráter basicamente colonial, as mulheres foram integradas ao mercado de trabalho formal. Se antes a lista de tarefas domésticas era exclusivamente feminina, o emprego remunerado e a segurança financeira da família também passaram a ser mais uma responsabilidade atribuída a elas. Sem uma reforma cultural e social posterior, chegamos ao ponto de, quase um século depois, trabalharmos 10,4 horas semanais a mais que os homens.[1]

E essa sobrecarga tem impactos significativos na qualidade de vida e na saúde mental da mulher, levando a quadros intensos de exaustão e ansiedade, que por vezes evoluem para transtornos mentais, como a depressão. Tanto que, em 2023, o relatório "Alerta Amarelo: um panorama da saúde mental do trabalhador brasileiro e perspectivas de prevenção e enfrentamento" estimou que um terço das brasileiras que enfrentam sobrecarga doméstica também lida com transtornos mentais.[2]

---

[1] ESTATÍSTICAS SOCIAIS. Em média, mulheres dedicam 10,4 horas por semana a mais que os homens aos afazeres domésticos ou ao cuidado de pessoas. *Agência IBGE Notícias*, 4 jun. 2020. Disponível em: https://agenciadenoticias.ibge.gov.br/agencia-sala-de-imprensa/2013-agencia-de-noticias/releases/27877-em-media-mulheres-dedicam-10-4-horas-por-semana-a-mais-que-os-homens-aos-afazeres-domesticos-ou-ao-cuidado-de-pessoas. Acesso em: 4 fev. 2025.

[2] INSTITUTO FELICIÊNCIA. Documento atualiza cenário da saúde mental do trabalhador no Brasil. *Instituto Feliciência*, 4 set. 2022. Disponível em: http://www.feliciencia.com.br/interna.php?pagina=mostrar_post&id=72. Acesso em: 7 fev. 2025.

E as preocupações não param por aí: ocupamos menos espaços em posições de liderança e na política,[3] e, mesmo sendo maioria no ensino superior,[4] recebemos 20% menos que um homem na mesma função.[5] Na prática, isso significa que precisamos lutar para provar o nosso valor diariamente para sermos reconhecidas, o que também nos leva à exaustão.

Sem falar da violência contra a mulher, que faz parte da realidade de muitas de nós, e é um agravante a ser considerado quando o assunto é saúde mental e sobrecarga emocional. Não nos sentimos seguras em nenhum ambiente que ocupamos, e esse cenário se torna ainda mais preocupante quando levamos em conta a dimensão racial: a disparidade salarial, a sobrecarga, a violência de gênero, a falta de representatividade, as dificuldades de acesso à educação e às oportunidades, além da

---

[3] AGÊNCIA BRASIL. Mais escolarizadas, mulheres ainda são minoria em posições de poder. *Forbes*, 8 mar. 2024. Disponível em: https://forbes.com.br/forbes-mulher/2024/03/mais-escolarizadas-mulheres-ainda-sao-minoria-em-posicoes-de-poder/. Acesso em: 7 fev. 2025.

[4] INSTITUTO BRASILEIRO DE GEOGRAFIA E ESTATÍSTICA (IBGE). *Estatísticas de gênero*: indicadores sociais das mulheres no Brasil. 3. ed., 2024. Disponível em: https://biblioteca.ibge.gov.br/visualizacao/livros/liv102066_informativo.pdf. Acesso em: 7 fev. 2025.

[5] BRASIL. Governo Federal. Mulheres ganham, em média, 79,3% do salário de homens com mesmo cargo, diz relatório. *Secretaria de Comunicação Social*, 18 set. 2024. Disponível em: https://www.gov.br/secom/pt-br/assuntos/noticias/2024/09/mulheres-ganham-em-media-79-3-do-salario-de-homens-com-mesmo-cargo-diz-relatorio. Acesso em: 7 fev. 2025.

incidência de transtornos mentais, formam um quadro liderado, infelizmente, por mulheres negras.

Embora enfrentar efetivamente essas discrepâncias para que não sejam reproduzidas nas próximas gerações exija medidas estruturais e político-públicas, podemos, sim, promover pequenas mudanças em nosso âmbito individual para amenizar os impactos das problemáticas sociais em nosso corpo e na nossa saúde, proporcionando um pouco mais de qualidade de vida à nossa rotina. E é aqui que o yoga e os ensinamentos deste livro desempenham papel fundamental. Não tem relação com tirar um dia para ir a um spa ou acordar às 5 horas da manhã para fazer uma saudação ao sol. Esse tipo de autocuidado varia de acordo com a realidade de cada mulher, e este livro tem a intenção de trazer pequenas intervenções com técnicas que se encaixam na rotina das brasileiras, tão ocupadas – e exaustas.

(3)

Cientificamente falando...

SISTEMA NERVOSO

SIMPÁTICO

PARASSIMPÁTICO

Para que você entenda o que acontece no nosso corpo quando estamos estressadas, preciso que conheça muito bem o seu sistema nervoso autônomo. Ele é composto pelo sistema nervoso simpático e pelo sistema nervoso parassimpático, que fazem parte do sistema "autônomo" justamente por não termos o controle consciente para ativá-los ou desativá-los (ainda que existam técnicas que nos ajudem a fazer isso, as quais vou ensinar mais para a frente).

Prometo que não vou me adentrar muito nesse assunto, mas gostaria de te explicar melhor sobre cada um desses sistemas. Esse conhecimento me ajudou a entender meu corpo e as ferramentas que realmente me trazem equilíbrio.

O sistema nervoso simpático, por exemplo, é responsável pelo estresse. É ele que faz você correr atrás de um ônibus pra não perder a hora, ter foco para entregar o trabalho de última hora, correr para pegar a criança que está chorando porque acabou de acordar. E o estresse é ótimo e extremamente necessário para a saúde; aliás, a própria atividade física é um estressor que desencadeia respostas saudáveis ao corpo, como o aumento da frequência cardiovascular, o rompimento das fibras musculares para a criação de massa muscular, a melhora da capacidade pulmonar, entre muitas outras.

Já o sistema nervoso parassimpático é responsável pelo descanso. É por meio de suas respostas fisiológicas que é possível tirar uma boa soneca depois de comer uma comidinha gostosa, ter uma boa noite de sono, ficar de boa olhando o mar tomando um mate bem gelado na praia (carioca, né, mores!) ou ter concentração para ler este livro.

Uma questão importante é que esses dois sistemas não funcionam juntos, de jeito nenhum. Um só liga quando o outro desliga: como um interruptor de luz, não existe meio-termo. E, se a gente parar para pensar, até que faz sentido. Imagine estar fugindo de um leão e do nada bater uma vontade de tirar um cochilo... não tem como, né?

A coisa boa é que o corpo tem a capacidade de se autorregular. Então, um corpo saudável, após um episódio de estresse, consegue voltar para o repouso e ativar o sistema nervoso do descanso. Porém o fato ruim é que ele perdeu essa habilidade.

Atualmente, não precisamos mais fugir de leões, mas estamos sempre com um estressor ativo na palma das nossas mãos: demandas do trabalho e familiares, pressão estética nas redes sociais, problemas sociais e catástrofes ambientais, questões políticas (a lista é longa!).

Descansar e ter tempo pra si se tornaram um privilégio para poucos. Nós, meras mortais, precisamos sempre ser produtivas para sobreviver. Não podemos mais só tomar banho, temos que resolver os pepinos da empresa enquanto a água cai. Não podemos mais só nos deslocar para o trabalho, precisamos estar no ônibus e, ao mesmo tempo, finalizar a apresentação da próxima reunião. Economizamos cada vez mais tempo nas tarefas simples para nos dedicarmos 100% ao trabalho. "Trabalhe enquanto eles dormem", dizem. Sucesso profissional. Não ter tempo virou status. Enquanto isso, tomar um cafezinho quentinho naquela sua xícara de estimação quando o dia começa se tornou quase impossível.

No meu caso, aprendi a ser assim ainda na escola. Meu transtorno de ansiedade se desenvolveu quando eu tinha 13 anos, porém somente fui diagnosticada aos 21. Acordava às 5h30 da manhã, ia pra escola sem tomar café, sentava numa cadeira até às 5h30 da tarde e pegava o ônibus de volta me preocupando com assédio e assalto – já que morava em um dos lugares mais perigosos de Duque de Caxias. Chegava às 7 horas da noite em casa e ainda precisava estudar mais um pouco para o pré-vestibular. Isso porque tive a sorte de ter uma mãe, mais uma mulher sobrecarregada, que preparava toda a minha alimentação e cuidava das tarefas domésticas. Na universidade, fui morar sozinha e toda essa responsabilidade passou a ser exclusivamente minha. Na mesma época, vivi um relacionamento abusivo, o que agravou ainda mais as minhas crises.

Meu corpo, assim como muito provavelmente o de muitas mulheres que estão lendo este livro, desaprendeu a ligar o sistema nervoso parassimpático, responsável pelo descanso, simplesmente porque eu não o ligava mais na minha rotina. O corpo entende que, para sobrevivermos, o sistema nervoso do estresse precisa ficar ligado o tempo todo, afinal estamos sempre estressadas. Até que chega a um ponto em que o corpo entra em colapso.

Insônia, problemas cardíacos, problemas gastrointestinais, doenças autoimunes, falta de concentração, perda de memória, tudo pode ser desencadeado pelo simples fato de que o corpo não sabe mais como relaxar. Uma tarefa natural que foi perdida devido ao cansaço e, de novo, à exaustão.

(4)

Por que uma boa noite de sono não é suficiente?

Tá, mas você deve estar se perguntando agora: não é só dormir para descansar e resolver o problema?

Mesmo que você consiga dormir e não tenha insônia, nem sempre o sono será de qualidade. Isso porque o sono tem um ciclo muito complexo, com quatro fases que dependem do ótimo equilíbrio do sistema nervoso parassimpático para funcionar de maneira adequada. Só pra você ter ideia do quão complexo é o sono, apresento a partir de agora as suas quatro fases.

Sono leve

Assim que nos deitamos, começamos a entrar em um estágio entre a vigília e o sono, chamado de "sono leve" ou "estágio 1 do sono não REM". Nessa fase, o corpo começa a relaxar, os batimentos cardíacos vão ficando mais lentos, assim como a respiração e o movimento dos olhos, e os músculos começam a liberar as tensões, o que dá origem aos tão conhecidos espasmos involuntários.

Sono intermediário

Após alguns minutos, os músculos relaxam ainda mais, os batimentos cardíacos, a respiração e a temperatura basal diminuem e os estímulos externos não nos acordam tão facilmente. Entramos então em um sono intermediário, entre o sono leve e o sono profundo, ou "estágio 2 do sono não REM". Em geral, essa etapa compõe a maior parte do sono durante a noite.

Sono profundo

Nesta etapa, todo o corpo relaxa e entramos em um estado de recuperação e restauração em nível celular. Alguns estudos mostram que nessa fase também há a secreção do hormônio de crescimento, além da melhora da criatividade, da perspicácia e da imunidade. O sono profundo, ou "estágio 3 do sono não REM", é extremamente importante para acordarmos com disposição pela manhã.

Sono REM

No sono REM, os olhos movem-se rapidamente sob as pálpebras, enquanto as ondas cerebrais se assemelham às do estado de vigília. Embora a respiração e a atividade cardíaca aumentem, os músculos permanecem paralisados, impedindo a realização física das emoções e os movimentos dos sonhos, que, apesar de acontecerem durante todas as etapas, ficam mais intensos no sono REM. Esse estágio do sono é considerado crucial para a manutenção das funções cognitivas, como memória e criatividade, e contribui para o bem-estar geral.

Esses ciclos se repetem várias vezes durante a noite, motivo pelo qual um corpo estressado não conseguirá manter uma quantidade adequada de cada um deles. Muitas vezes, somente conseguirá fazer isso com os estágios mais superficiais, tornando-se incapaz de restaurar as energias. E é daí que vem a necessidade de uma intervenção mais profunda com relação à rotina e aos hábitos.

(5)

O que o yoga tem a ver com isso?

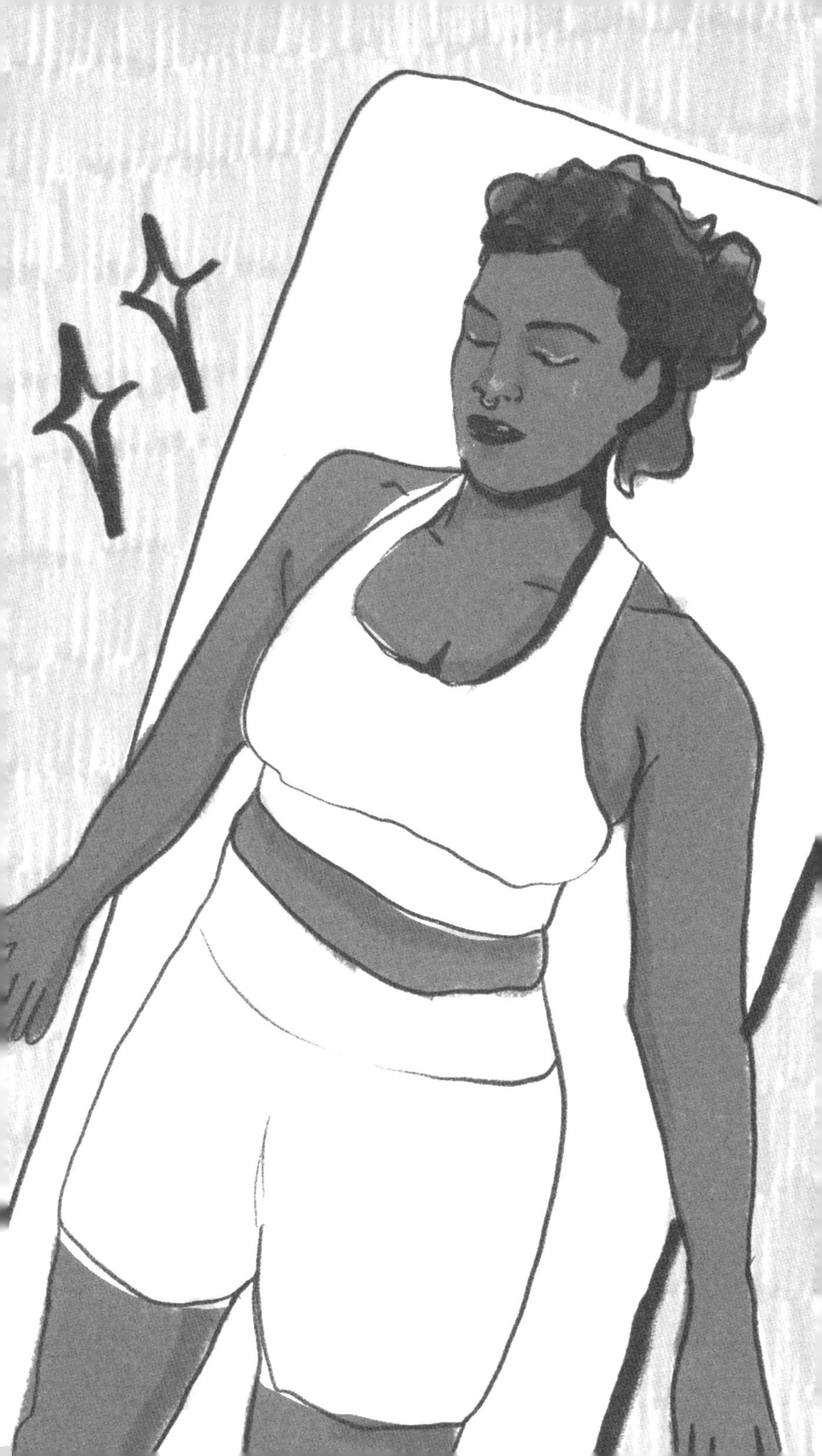

Na busca por equilibrar o sistema nervoso autônomo, o yoga aparece como uma ótima ferramenta. Por meio de sua prática regular, o sistema nervoso parassimpático, antes estagnado, passa a ser ativado com frequência, o que reeduca o seu corpo a ligá-lo quando necessário, reduzindo os níveis de estresse e permitindo uma restauração a longo prazo.

Isso faz com que os benefícios da prática não sejam apenas imediatos, logo após a aula, mas ela se torna um instrumento para balancear e reeducar o funcionamento do sistema nervoso autônomo, trazendo benefícios para toda a vida.

Neste livro, minha intenção é mostrar que o yoga pode ser uma prática simples, intuitiva e que cabe, sim, no seu dia. Por muito tempo, fomos bombardeadas por informações que mostravam um yoga inacessível para a maioria das mulheres: praticar antes do nascer do sol, deslocar-se até estúdios caros, meditar por longos períodos sem intervenções, fazer retiros longos em um lugar isolado. Mas posso te contar um segredo? Nada disso é fundamental para que você sinta os resultados da prática do yoga no seu corpo. E aqui vou te apresentar algumas ferramentas que vão provar esse ponto!

Costumo dizer que o yoga é um universo à parte. E ele vai muito além das posturas, dos mantras e das respirações. Existem vários estilos de práticas, cada uma com vertentes e metodologias próprias. Neste livro, trago muitos exemplos extraídos do Vinyasa Yoga e do Yoga Restaurativo, caso você se interesse pela filosofia da coisa.

O Vinyasa Yoga é uma prática dinâmica de yoga que sincroniza movimento e respiração. As posturas fluem de forma contínua, criando uma sequência fluida que fortalece o corpo, melhora a flexibilidade e desperta o foco e a atenção.

Já o Yoga Restaurativo consiste em uma prática suave e acolhedora que utiliza posturas passivas, com longas permanências e apoio de acessórios para relaxar todo o corpo de forma profunda e sistêmica.

Mas de verdade: mais importante do que nomes e classificações é você se conectar com o seu corpo, regular o seu sistema nervoso e melhorar a sua qualidade de vida – e este é o grande objetivo por trás deste manual (viva!).

(6)

O poder das respirações

PRANA

Você se lembra que eu disse que iria te ensinar como controlar o seu sistema nervoso autônomo?

Então, por mais inacreditável que pareça, isso vai acontecer através da sua respiração, que tem papel crucial no equilíbrio do corpo e da mente.

No mundo frenético em que vivemos, muitas vezes ignoramos a importância de respirar corretamente, mas no yoga reconhecemos o poder transformador do (auto)controle das técnicas respiratórias, conhecidas como *pranayamas*, a prática de domínio da respiração no yoga.

No Capítulo 12, vou te ensinar algumas técnicas simples para que possa aplicar no seu dia a dia. Mas, antes disso, é fundamental entender como a respiração está intrinsecamente ligada ao sistema nervoso, para que você consiga perceber as mudanças no seu corpo.

Já percebeu que, quando estamos estressadas ou preocupadas, o corpo tende a respirar de forma superficial e rápida? Isso acontece porque o sistema nervoso simpático (sim, ele é muito importante!), responsável pela resposta ao estresse, está ativo. E esse processo vai desencadear uma série de outros efeitos fisiológicos, como aumento da frequência cardíaca, tensão muscular e ansiedade.

Contudo, quando respiramos de maneira profunda e consciente, o corpo entende que estamos seguras, e, assim, o sistema nervoso parassimpático, responsável pelo relaxamento e pela restauração do corpo (não se esqueça disso), é ativado. Mas não basta respirar fundo, visto que esse estado de relaxamento vem a partir do treino das técnicas de *pranayama*. E, quanto mais você pratica, mais rápido e duradouro será esse estado de relaxamento.

Ao praticar *pranayama* aprendemos a controlar a respiração de maneira intencional, o que pode influenciar diretamente nosso estado emocional e mental. Por exemplo, a técnica de respiração abdominal, ou "Adhama Pranayama", ajuda a acalmar a mente e reduzir o estresse, ao passo que a respiração do fogo, chamada "Bhastrika Pranayama", energiza o corpo, trazendo disposição e vitalidade.

No yoga, a respiração vai muito além das trocas gasosas. Ao inalar, estamos trazendo o *prana* – a energia vital do universo, que cria, transforma e dá a vida a tudo que conhecemos – para dentro do corpo. Também nos abastecemos de *prana* por meio da alimentação. Em outras palavras, é através da respiração e da alimentação que podemos nos nutrir. Enquanto estamos respirando e nos alimentando, estamos vivos. E, quanto melhor for essa nutrição, melhor será a nossa saúde.

(7)

Yoga é pra todo mundo?

Faça um exercício de imaginação agora: feche os olhos e visualize uma pessoa fazendo uma prática de yoga. O que veio à sua mente? Certamente alguém com um corpo magro e tonificado, de aparência calma e zen, meditando por horas, ou fazendo posturas que exigem uma superforça ou uma superflexibilidade, em um cenário tranquilo, como um quintal arborizado ou uma praia deserta...

Infelizmente, é esse tipo de pensamento que faz com que as pessoas não se sintam capazes de praticar yoga. Afinal, isso faz parte da realidade de quem? A maioria de nós leva uma vida corrida, sem tempo livre, com uma casa cheia de gente, crianças gritando, barulho de obra lá fora, carros buzinando e, muitas vezes, o vizinho ainda resolve ouvir música no último volume. Completamente o oposto do cenário que idealizamos para esse tipo de prática.

Então, tire já essa ideia da cabeça. O yoga te ajuda a lidar com o caos da vida, então treinar no meio do caos acaba sendo necessário! Não espere o silêncio perfeito, a vista mais maravilhosa e todas as condições ideais para incluir a prática no seu dia a dia. Prender-se a essa utopia só vai te afastar cada vez mais da prática real.

O yoga melhora o preparo físico e traz ferramentas capazes de ajudar você a se desconectar do burburinho da rotina, trazendo o foco para o "aqui e agora". Em outras palavras, não existe um lugar ou um estilo de vida específico para iniciar a prática.

Não importa, por exemplo, se você está acima do peso ou não, a sua idade ou se nem se lembra da última vez em que fez uma sessão de alongamento. O importante é respeitar os seus limites, regular as expectativas para não se frustrar e não se comparar a outros praticantes (ou ao que você vê na internet!).

Muitas pessoas também imaginam que o yoga é um esporte de alto rendimento, para o qual é preciso se esforçar muito a fim de realizar posturas mirabolantes. Contudo, na verdade, as posturas precisam ser confortáveis, sem dores, assim como a dita ética da não violência, tão presente no yoga. **As posturas são suas aliadas, e não uma tortura!**

Em sua essência, o yoga diz respeito a encontrar conforto no corpo e na mente, sem nos forçar ou nos submeter à dor. A ética da não violência, ou *ahimsa*, que é um dos princípios fundamentais do yoga, também se estende às posturas que praticamos. Não se trata de forçar o corpo a alcançar determinada posição, e sim de aprender a respeitar limites e aceitar o momento em que estamos em nosso caminho de prática.

As posturas de yoga, ou *asanas*, são projetadas para liberar espaços em nosso corpo, aliviar dores, fortalecer músculos e descobrir nossas potencialidades. Cada uma delas tem os próprios benefícios físicos e mentais, e é importante praticá-las de uma maneira confortável e segura.

O objetivo, assim, não é se esticar até a mão encostar no pé, curvar a coluna para ficar bonita na foto ou ser capaz de ficar de ponta-cabeça. A ideia é que a gente perceba como se sente em cada postura, em cada transição, em cada movimento, concentrando-se na respiração e percebendo tudo o que acontece da pele para dentro.

Para manter essa atenção e concentração, nossa maior ferramenta são as respirações (falei sobre elas no Capítulo 6). Logo mais, vou ensinar algumas das técnicas que mais uso em minhas aulas.

Mas, antes de seguirmos para a prática, é importante lembrar que não há uma postura "certa" ou "errada" no yoga – tudo se resume a encontrar o que funciona melhor para o corpo, que é único. Se determinada pose causa desconforto ou dor, é possível sempre modificá-la ou adaptá-la para torná-la mais acessível e confortável. E isso não é nenhum sinal de fraqueza ou inferioridade; pelo contrário, é ser capaz de se conhecer e se respeitar.

Além dos benefícios físicos, as posturas de yoga têm um impacto profundo na saúde mental e emocional. À medida que usamos as posturas para nos movimentarmos, podemos sentir tensões sendo liberadas e emoções emergindo à superfície. Trata-se de um processo terapêutico que nos permite reconhecer, aceitar e integrar as experiências passadas, que podem estar armazenadas em nossos músculos e tecidos. Toda essa atenção voltada ao corpo e aos sentimentos nos permite honrar e reconhecer nossas necessidades físicas e emocionais, promovendo um profundo senso de autocuidado e autocura.

Portanto, ao praticar yoga, lembre-se de honrar seu corpo e sua jornada individual. Não se compare aos outros praticantes nem se preocupe com o quão "bem" ou "mal" você está fazendo uma postura. Em vez disso, concentre-se em cultivar uma prática que seja nutritiva, amorosa e compassiva. Afinal, o verdadeiro yoga tem a ver com encontrar conforto e bem-estar em quem somos, exatamente como somos.

(8)

Não consigo parar de pensar!

Hoje, finalmente, você chegou ao seu tapete, fechou os olhos e todos os seus pensamentos desapareceram. Não existe mais nenhuma preocupação, seu corpo está totalmente relaxado; sua mente, vazia, e a paz finalmente reina dentro do seu corpo.

Sinto muito em te decepcionar, mas esse dia nunca vai chegar! E, por favor, não fique chateada comigo por te trazer de volta à realidade.

Acreditar nisso é como crer em um conto de fadas, mas numa versão para mulheres adultas.

Assim como o coração pulsa o sangue, o estômago libera ácido gástrico para digerir o alimento e a boca produz saliva, o cérebro produz pensamentos. O tempo todo, seus neurônios estarão ativos, com milhões de conexões acontecendo simultaneamente, respondendo a estímulos externos e internos, fabricando um turbilhão de sensações que nenhuma prática de yoga, mesmo se você estiver no lugar mais calmo e lindo do mundo, será capaz de eliminar.

Sentimentos e pensamentos são inerentes à nossa existência, como já dizia o filósofo e físico francês René Descartes.

Já recebi vários relatos de alunas se sentindo incapazes de meditar ou de praticar yoga por não conseguirem alcançar o feito de eliminar os pensamentos. É realmente um mito muito difundido aqui no mundo ocidental; afinal, como relaxar com essa mente que não se cala?

Contudo, o segredo está justamente em não bloquear os pensamentos. Em vez de se sentir culpada quando um pensamento surge, você deve observá-lo, criando certo distanciamento e dissociação. Existem algumas técnicas para facilitar essa prática. Um exemplo é se imaginar sentada olhando uma avenida cheia de carros. Cada pensamento que vem é como um carro que passa nessa avenida – você não precisa pegar carona, basta observá-lo de longe, ainda que seja comum você ir junto sem se dar conta. Quando acontecer, basta abrir a porta do carro, sair e voltar a observar os pensamentos passando na avenida.

Algumas pessoas gostam de imaginar que são nuvens, cenas de filmes ou até mesmo pessoas. Mas a ideia é que você se torne capaz de se colocar na posição de observadora, perspectiva a partir da qual seus pensamentos se tornam meros coadjuvantes.

Na psicologia – eu superior

Esse é um dos princípios básicos da meditação. Apesar de existir uma áurea mística ao redor dela, essa é uma capacidade inerente ao corpo. Assim como falar, andar, aprender um novo idioma, respirar e até mesmo dormir. Podemos meditar a qualquer momento e é bem provável que você já tenha meditado várias vezes ao longo da sua vida, mas realizar essa atividade de forma consciente exige foco, concentração e muita prática.

Seu corpo é capaz de andar de bicicleta, mas, para que desenvolva essa habilidade, você precisa treinar. Talvez você comece colocando duas rodinhas até sentir confiança para tirar uma e, depois, a outra. Talvez sofra algumas quedas, e só então se sinta confiante para andar em cima da bicicleta, sem nem pensar no que está fazendo. Com este livro, vou te ensinar a colocar as rodinhas da meditação até que consiga praticá-la sem dificuldades.

Eu só preciso da sua dedicação e do seu entusiasmo, igual a uma criança que está aprendendo algo pela primeira vez. Esteja aberta a experimentar.

(9)

Meditação e relaxamento: irmãos gêmeos, mas não são a mesma pessoa

Como pôde perceber até agora, o mundo do yoga ainda é rodeado de muitas dúvidas e estereótipos. Uma das perguntas mais comuns relacionadas a esse universo é: "O que é meditação?".

Recentemente, percebi um movimento nas redes sociais associando a meditação a momentos de autocuidado. E talvez você mesma já tenha se deparado com frases do tipo "meu *skincare* é minha meditação" ou "minha corrida é minha meditação", e no próprio mundo do yoga é comum achar que executar as próprias posturas constitui um ato meditativo em si.

Muitas pessoas confundem o fato de relaxar fazendo uma atividade com o ato de meditar. E esse é um engano válido, já que é possível meditar fazendo qualquer coisa, desde lavar louça até transar. Mas meditação e relaxamento não correspondem à mesma coisa.

Pelo contrário, a meditação pode ser bem desconfortável, principalmente quando falamos de um corpo ansioso e exausto. Observar de perto as suas emoções reprimidas, permitir-se olhar para os seus pensamentos mais dolorosos e desbloquear sensações que foram guardadas podem trazer à tona muita angústia. E por isso é tão normal chorar após uma aula de yoga ou uma prática profunda de meditação.

Caso aconteça com você, veja esse momento como uma limpeza: tomamos banho para limpar a sujeira da pele, escovamos os dentes para limpar a sujeira da boca e meditamos para limpar a sujeira da mente.

Mas é verdade que a meditação e o relaxamento andam juntos. Costumo dizer que são como irmãos gêmeos, já que, apesar de parecidos, têm personalidades distintas, e, com a intimidade da convivência, você vai conseguindo distinguir quem é quem.

O relaxamento, por exemplo, precede a meditação. Um corpo tenso, estressado, incapaz de ativar o sistema nervoso parassimpático não medita. Para meditar, é preciso focar, trazer a atenção para o agora e ser capaz de contemplar – habilidades desativadas em um corpo estressado.

Por isso, é impossível meditar ao chegar cansada do trabalho. Precisamos, antes disso, passar por algumas etapas. No yoga, é muito comum fazermos uso de respirações, visualizações e até da repetição de mantras.

E é nesse momento que entram as atividades que as pessoas confundem com a meditação. Se você sente que correr te acalma, que tal correr alguns quilômetros antes de praticar uma das atividades de meditação deste livro? Se prefere fazer crochê, arrisque-se em alguns pontos até sentir que seu corpo está mais equilibrado. O mesmo vale para um banho quente, uma ida à academia, uma música gostosa no fone de ouvido ou até mesmo uma automassagem.

Depois, com a prática regular da meditação, é provável que você realmente comece a meditar ao realizar essas tarefas. Porém, terá experiência o suficiente para conseguir perceber as diferenças entre uma coisa e outra.

Vamos fazer um exercício juntas?

Sem fazer nenhuma modificação na maneira como você está, leve sua atenção para sua respiração. Não precisa se preocupar em fazer tudo perfeito, vamos apenas nos perceber. Enquanto você respira, sinta o ar passando pelas suas narinas. Enquanto você inala e exala, observe a temperatura desse ar. Tem diferença entre o ar que entra e o ar que sai? Consegue perceber algum aroma? Observe também o volume de ar que chega aos seus pulmões e o volume que deles sai. Continue respirando e perceba o seu corpo se movimentando.

Parabéns, você acabou de meditar! (uhu!)

Conseguiu perceber como sua atenção ficou direcionada a você e às suas sensações? Essa percepção do ar passando pelas narinas é uma forma de direcionar a atenção a uma sensação física específica. Na biologia, chamamos essa habilidade de propriocepção, também conhecida como o nosso sexto sentido.

Também podemos usar nossos outros sentidos como ferramenta para nos ancorar no momento presente, como o tato, ao colocar uma mão sob o coração para senti-lo pulsar; o olfato, para sentir o aroma do ambiente (muito comum com óleos essenciais e incensos); a visão, ao admirar e contemplar uma paisagem; o paladar, por meio de alimentos e sabores; e a audição, com músicas e objetos sonoros. Dessa forma, estimulamos o corpo a se observar, e, mesmo sem eliminar os pensamentos, conseguimos reduzi-los ao direcionar a atenção àquilo que estamos sentindo e vivenciando. Essa é a técnica da ancoragem. Uma das minhas preferidas, e você pode praticá-la no Capítulo 15.

No entanto, é fundamental reconhecer que, para muitas mulheres, especialmente aquelas que estão lidando com um corpo em colapso em decorrência do estresse crônico, aprender a meditar pode ser desafiador. Como mencionado no Capítulo 4, um corpo sobrecarregado pode apresentar dificuldades para relaxar e se abrir para a prática da meditação. Eu mesma achava que jamais conseguiria meditar porque era só começar que uma parte do meu corpo começava a coçar, a angústia batia forte no peito ou eu me lembrava de algo urgente que me fazia querer sair dali. Mas isso faz parte da ansiedade, é uma resposta natural de um corpo estressado que está tentando evitar que você relaxe. Portanto abrace esse processo com gentileza e paciência.

Assim como acontece com qualquer prática de yoga, a meditação deve ser abordada gradualmente, sempre respeitando os limites do corpo e da mente. Não se trata de forçar a calma ou a quietude, e sim de permitir que ela surja naturalmente, o que também leva tempo e exige constância.

À medida que praticamos meditação regularmente, podemos começar a cultivar uma sensação de equilíbrio e tranquilidade interior, mesmo em meio às pressões e aos desafios da vida cotidiana. A meditação nos ajuda a acalmar o sistema nervoso, reduzir o estresse e promover uma sensação de bem-estar geral, tornando-se uma ferramenta poderosa para o autocuidado e o autoconhecimento.

(10)

Tá, mas e como começar?

Agora que você entendeu como o yoga pode te ajudar e está pronta para iniciar sua jornada, é hora de se organizar para praticar a atividade com segurança e confiança.

Acessórios necessários

Muitas vezes, vemos blocos, cintos, cobertores e até cadeiras como apoios ou sinais de que não somos capazes o suficiente. Mas a verdade é que esses acessórios são ferramentas poderosas para tornar o yoga mais acessível e confortável. Eles ajudam a manter o alinhamento, evitam sobrecargas e permitem que você explore as posturas com mais segurança e confiança. Por exemplo, um bloco pode ser usado para apoiar as mãos em uma flexão para a frente caso não alcance o chão. Um cinto é capaz de ajudar a alongar as pernas em posturas sentadas, sem forçar os músculos. E uma cadeira pode representar um ótimo suporte para posturas em pé, especialmente se você está lidando com dores ou limitações físicas. Lembre-se: fazer uso de apoios não é sinal de fraqueza, e sim de inteligência e cuidado consigo mesma.

E o tapetinho?

Para praticar yoga, não é obrigatório ter um tapete de yoga. Você pode praticar na cama, no chão, no quintal ou até mesmo em cima de uma canga. Mas saiba que o tapete ajuda muito na prática. Um dos principais benefícios é a estabilidade. Temos muitas posturas em pé, e, se ficarmos deslizando de um lado para o outro, a prática se torna muito desconfortável. Por isso, o tapete de yoga deve ser antiderrapante. Ou seja, ele precisa ficar firme no chão, para que você tenha toda a segurança necessária para executar as posturas. Ele também ajuda a proteger as suas articulações, pois temos muitas posturas com os joelhos e o quadril no chão. Então, investir em um mais denso vai te trazer bem mais conforto. Caso ainda não tenha um, mas queira obter, responda ao quiz a seguir e descubra qual é o melhor tapete para você.

Garanto que o investimento vai valer a pena!

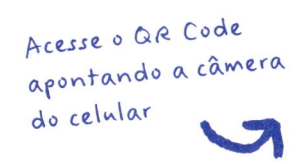

Acesse o QR Code apontando a câmera do celular

Roupa adequada

As melhores roupas são as confortáveis e flexíveis, que permitam todos os movimentos, sem incômodos. Dê preferência para tecidos respiráveis, como o de algodão, e evite roupas muito apertadas. Em outras palavras, é mais recomendado um pijama do que aquelas roupas de academia, sabe? Ainda mais se você for realizar as práticas deste livro em casa. Fique confortável! Também observe se a roupa que você escolheu exige muitos ajustes ao longo da aula. Ela não pode ser uma preocupação, até mesmo porque qualquer incômodo é capaz de tirar sua atenção da postura ou da respiração e atrapalhar muito a sua prática.

Geralmente não usamos nada nos pés, e a prática é feita descalça, o que acaba dando outra função ao tapete.

Caso você se sinta confortável com meias, ou faça frio onde mora, use aquelas antiderrapantes para que não escorregue.

Melhor horário

O melhor horário é aquele que você pode praticar. Não se apegue a normas. Muitas pessoas preferem praticar pela manhã para começar o dia com energia e clareza mental, enquanto outras acham que a prática noturna ajuda a relaxar e aliviar o estresse do dia. Adapte à sua realidade e à necessidade no momento e não crie tantas regras. Faça o que dá!

(11)

Como saber se estou na postura certa?

Para quem não tem o costume de praticar sozinha, que é exatamente a proposta deste livro, é comum aparecer aquela dúvida se está fazendo certo. Não se desespere. Neste capítulo, vou ensinar tudo de que você precisa para experimentar e sentir no próprio corpo como executar as posturas da maneira ideal, sem precisar ter uma professora te olhando e corrigindo o tempo todo.

Conforme você se move por meio das posturas, esteja presente e atenta às sensações físicas e emocionais que forem surgindo. Aprenda a distinguir desconforto saudável de dor prejudicial e ajuste suas posturas conforme preciso para se adequar às necessidades do seu corpo: você é a única pessoa neste mundo que tem a capacidade de identificar o que é de fato bom ou ruim para você! Ninguém que está de fora, por maior que seja o seu conhecimento sobre qualquer assunto, vai conseguir saber o que você está sentindo. Então, considere cada exercício deste livro uma experimentação de descoberta e esteja aberta a se ouvir e entender o que cada postura traz. Você é a melhor guia para sua própria prática de yoga!

E não tenha medo de adaptar as posturas de acordo com suas necessidades individuais. Se uma postura parece muito desafiadora ou desconfortável, experimente uma variação mais suave ou use acessórios, como blocos de yoga ou cintos, para oferecer suporte adicional. Lembre-se de que não há uma única maneira "correta" de fazer uma postura de yoga, e é importante encontrar o que funciona melhor para você.

A base de todas as posturas

Chegamos lá: vamos finalmente iniciar a parte prática do yoga. Para isso, preciso te apresentar a postura Tadasana, ou postura da montanha – ela é a base de todas as outras.

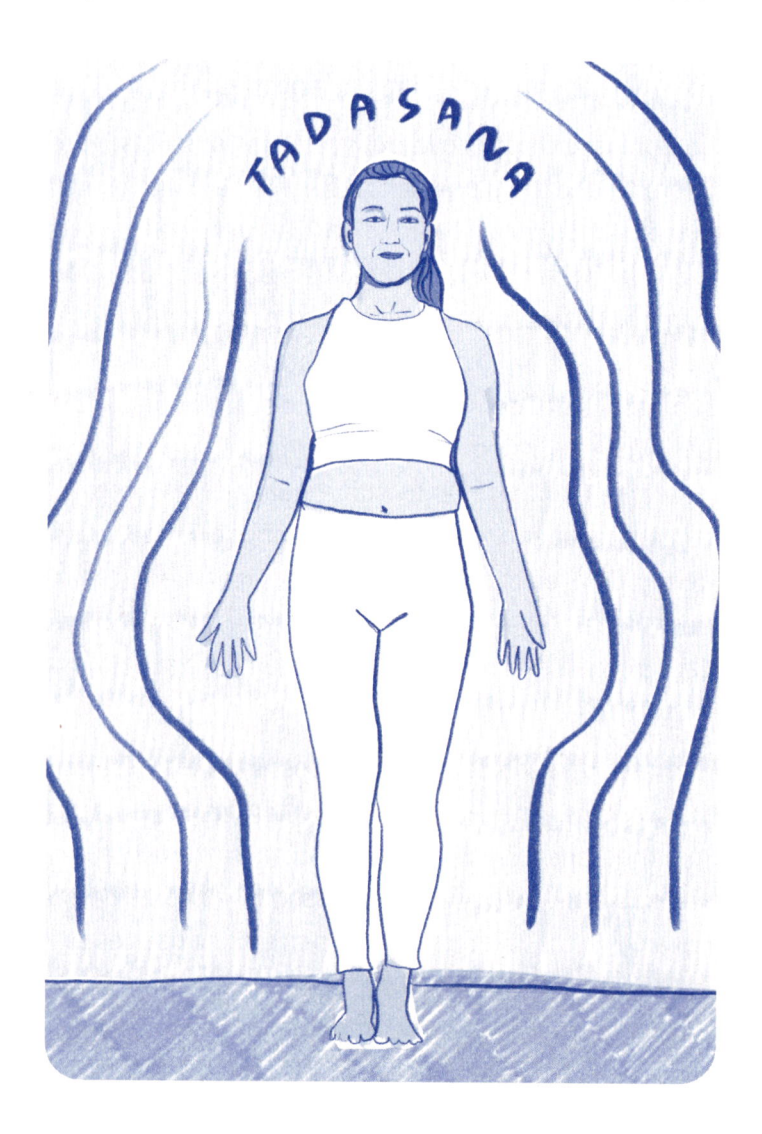

Experimente no seu corpo

Comece em pé com os pés juntos ou levemente afastados, mantendo os dedos dos pés apontados para a frente. Distribua uniformemente o peso do corpo entre os pés, mantendo os calcanhares firmemente plantados no chão. Em seguida, relaxe os braços ao longo do corpo, com as palmas das mãos viradas para fora, e os ombros relaxados para trás e para baixo. Encaixe o quadril e engaje os músculos das pernas, enquanto alonga a coluna vertebral para cima em direção ao céu. Mantenha o queixo paralelo ao chão, alongando o pescoço e mantendo um olhar suave para a frente. Respire profundamente e continue presente e centrada na postura, sentindo-se firme, enraizada e equilibrada como uma montanha.

Agora, tente executar a postura da árvore, imaginando-se com o alinhamento que você aprendeu da postura da montanha (não precisa ser perfeito, quero apenas que você experimente!).

Leve um pé para a parte interna da coxa (não apoie no joelho); se for difícil, apoie o pé na lateral do tornozelo, com o dedão podendo, sim, encostar no chão para te trazer mais equilíbrio. Mantenha o quadril encaixado, a coluna ereta, a cabeça crescendo na direção do teto e sinta seu pé enraizando no chão. Caso sinta equilíbrio, leve as mãos para cima da cabeça ou em namastê na frente do coração.

Perceba que a postura Tadasana, da montanha, está aqui o tempo todo – sua perna e seus braços é que estão modificados, dando origem a outra postura.

E como este é um livro prático, vamos mexer esse corpinho?

Tente colocar agora a postura Tadasana nas posturas mostradas a seguir.

Guerreira II

Prancha

Deusa

Lua crescente

O segredo

Em todas elas, a ideia é crescer o topo da cabeça em direção ao teto, ou seguindo o alinhamento da coluna vertebral, alongando-a bem e fazendo o movimento que chamamos de "tração" – afastar os ombros das orelhas e encaixar o quadril para evitar sobrecarga na coluna vertebral.

É claro que, apesar de parecer pouca coisa, o corpo leva um tempo para absorver todos esses comandos. Afinal, você está desenvolvendo a sua **propriocepção**, que é essa habilidade do corpo de saber onde estão os membros, sem que de fato precise olhar para ele. Por exemplo: se você colocar a mão atrás das costas, consegue saber se os dedos estão abertos ou fechados. Ou se fechar os olhos, você sabe se suas pernas estão afastadas ou bem próximas. Isso é a propriocepção. É como os cientistas chamam o nosso sexto sentido. Legal, né?

Então, em todas as posturas, tente buscar esses ajustes, mesmo que não fique perfeito no começo. É através da prática que você vai ganhar cada vez mais confiança e consciência corporal pela propriocepção. E não tenha medo de se machucar: nenhuma postura indicada aqui provoca risco de lesão. Todas são básicas, para iniciantes, e nosso objetivo aqui não é uma prática mirabolante ou circense, mas buscar a nossa qualidade de vida! Quero que você se permita, sem medo, sem pressão. E fique à vontade para mandar essa vozinha interna que insiste em te julgar dar uma voltinha.

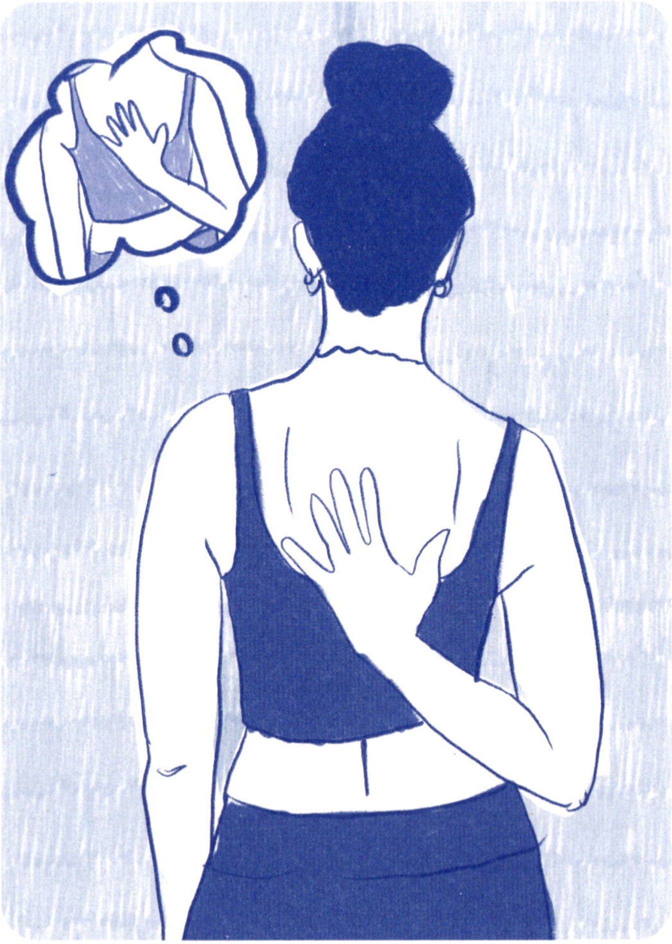

(12)

Faça um teste aqui comigo

É muito importante aprendermos a conectar a respiração com as posturas. E eu quero que você sinta essa diferença no seu corpo.

Comece girando os seus ombros para a frente e para trás e observe como se sente.

OMBROS: pra frente & pra trás

Agora você vai fazer o mesmo movimento, só que com uma diferença: ao inalar o ar pelo nariz, você vai levantar os ombros na direção das orelhas, e, à medida que os ombros descerem para trás, você vai exalar, soltando o ar pelo nariz.

Vamos juntas?

Repita algumas vezes e perceba o que acontece no seu corpo.

Percebe como só o ato de respirar muda toda a proposta do movimento?

No primeiro exercício, você não estava fazendo yoga, foi apenas um exercício de movimentação de ombros.

Mas, no segundo, o estado do yoga foi alcançado. E não só porque você estava respirando ou se movimentando, mas porque estava atenta! E é essa percepção que eu quero que você busque como objetivo central de cada prática daqui em diante.

(13)

Posturas para investir

coluna

Observe os movimentos que você consegue fazer com a sua coluna agora neste exato momento. Para isso, vou pedir que se sente de modo confortável.

Você consegue levar seu tronco para a frente, fazendo o peito ir em direção às suas pernas, certo? Esse é o movimento de **flexão**.

Mas você também consegue olhar para o teto, abrindo o peito, o que chamamos de **extensão**. E, ainda, consegue olhar para trás, fazendo a sua coluna torcer, pois o quadril fica virado para a frente e o peito para trás, no movimento de **torção**. E assim você consegue pegar objetos ao seu lado, no movimento de lateralização. Por fim, consegue fazer o movimento de **tração**, que já aprendemos na postura Tadasana, que compreende a intenção de crescer o topo da cabeça para o teto, afastando as vértebras umas das outras.

Agora que você já experimentou brevemente os movimentos que a coluna pode fazer, vamos mergulhar em cada um deles com mais detalhes. Cada movimento não só trabalha o corpo fisicamente, mas também traz benefícios emocionais e mentais, por meio de respostas psicossomáticas. Vamos explorar como isso acontece e como você pode usar esses movimentos para se reconectar consigo mesma, especialmente nos dias em que a exaustão parece tomar conta.

Flexão: encontrando calma e segurança

Quando você leva o peito em direção às pernas, seja sentada ou em pé, está alongando a parte posterior do corpo, liberando tensões acumuladas na coluna, especialmente na região lombar. Esse movimento ajuda a criar espaço entre as vértebras, aliviando a pressão sobre os discos intervertebrais e promovendo um relaxamento profundo. Além disso, a flexão massageia suavemente os órgãos abdominais, estimulando a circulação e auxiliando na digestão. Na mente e nas emoções, a flexão tem um efeito calmante, quase como um abraço que nos convida a nos recolher e a nos sentirmos seguras.

Postura da criança

Dica para a prática

Experimente a postura da criança (Balasana). Sente-se sobre os calcanhares, leve o tronco para a frente e estique os braços à sua frente. Respire profundamente e sinta como o corpo se entrega ao momento.

Outras posturas de flexão

Cachorro olhando para baixo

Boneca de pano

Pombo deitado

Extensão: despertando coragem e disposição

A extensão é o movimento que abre o peito e nos convida a olhar para cima, como se estivéssemos buscando o céu. É um movimento expansivo que contrasta com a introspecção da flexão. Ao abrir o peito e olhar para cima em um movimento de extensão, estamos alongando a parte frontal do corpo e fortalecendo os músculos das costas, o que melhora a postura e aumenta a capacidade respiratória. Esse movimento também estimula a circulação sanguínea, trazendo mais oxigênio e energia para o corpo todo. Na mente e nas emoções, a extensão tem um efeito expansivo e revigorante. Ela desperta sensações de coragem, disposição e confiança, ajudando a combater a fadiga mental e emocional. Trata-se de um movimento que nos conecta com a criatividade e a vontade de explorar novas possibilidades, como se estivéssemos nos abrindo para o mundo e para nós mesmas.

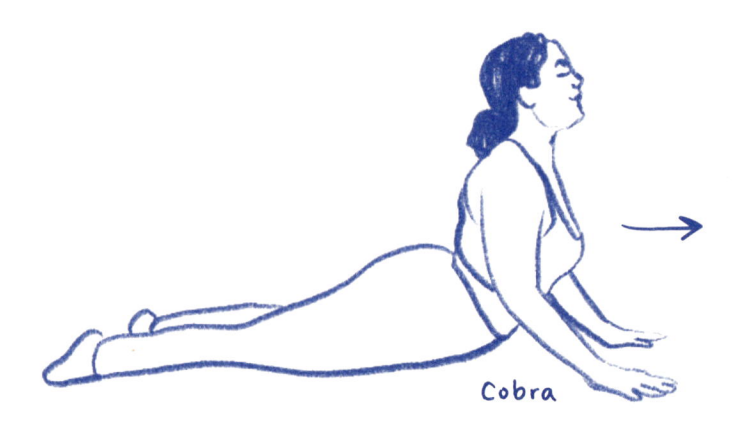

Cobra

Dica para a prática

Experimente a postura da cobra (Bhujangasana). Deite-se de bruços, apoie as mãos no chão e levante o peito, mantendo o olhar para a frente ou levemente para cima. Afaste os ombros das orelhas e, se sentir necessidade, dobre os cotovelos. Faça algumas respirações e sinta o peitoral se abrir e a energia fluir.

Outras posturas de extensão

Postura do filhote

Deusa reclinada

Lua crescente

Postura do camelo

Torção: desintoxicando o corpo e a mente

As torções são movimentos que giram a coluna, massageando os órgãos internos e estimulando o sistema digestivo. Ajudam a melhorar a mobilidade da coluna, aliviando dores nas costas e nos ombros, enquanto promovem a desintoxicação do corpo ao aumentarem a circulação nos órgãos abdominais. Na mente e nas emoções, as torções têm um efeito purificador. Elas nos auxiliam a liberar emoções reprimidas e a encontrar clareza mental, como se estivéssemos espremendo uma esponja cheia de tensões. Trata-se de um movimento que nos convida a "olhar para trás" simbolicamente, para que possamos seguir em frente com mais leveza e renovação.

Torção sentada →

Dica para a prática

Experimente a torção sentada (Ardha Matsyendrasana). Sente-se com as pernas estendidas, dobre uma delas e coloque o pé do lado de fora da coxa oposta. Gire o tronco na direção da perna dobrada, usando o braço como apoio. Sinta a coluna se torcer suavemente.

Outras posturas de torção

Postura do lagarto torcido

Torção sentada

Torção deitada

Lateralização: encontrando equilíbrio e fluidez

A lateralização é o movimento que nos leva para os lados, como se estivéssemos nos alongando para pegar algo ao nosso lado. Alonga os músculos laterais do tronco e ajuda a criar espaço entre as vértebras, o que melhora a flexibilidade da coluna e a capacidade respiratória. Esse movimento também ajuda a aliviar tensões nos ombros e no pescoço, áreas que costumam acumular estresse. Na mente e nas emoções, a lateralização promove sensação de equilíbrio e fluidez. Ela nos lembra da importância de sermos flexíveis, não só no corpo, mas também na vida, ajudando a liberar rigidez mental e emocional. É um movimento que nos convida a explorar novos ângulos e perspectivas, tanto física quanto simbolicamente.

Guerreira II

Dica para a prática

Experimente a postura da guerreira II com uma leve inclinação lateral. Deslize uma mão pela coxa esticada e estique o outro braço sobre a cabeça, inclinando o tronco para o lado. Sinta o alongamento suave na lateral do corpo.

Outras posturas com lateralização

Tadasana com inclinação lateral

Alongamento lateral sentado

Tração: reconectando-se com a força interior

A tração é um movimento sutil, mas poderoso, que nos alonga para cima, criando espaço entre as vértebras e melhorando a postura. Fortalece os músculos do core e aumenta a consciência corporal, ajudando a aliviar a compressão vertebral e a prevenir dores nas costas. Na mente e nas emoções, a tração tem um efeito energizante e fortalecedor. Ela promove sensação de autoconfiança e força interior, como se estivéssemos nos alongando para além dos desafios e buscando seguir nosso próprio caminho. É um movimento que nos ajuda a combater a sensação de sobrecarga e cansaço, reconectando-nos com nossa energia vital e nos lembrando de que somos capazes de crescer, mesmo em meio às dificuldades.

Postura da guirlanda →

Dica para a prática

Experimente a postura da guirlanda (Malasana) com um enfoque na tração da coluna. Comece agachando-se, com os pés afastados na largura do quadril e os calcanhares apoiados no chão (ou em um apoio, se necessário). Una as palmas das mãos na frente do peito, em posição de oração, e pressione os cotovelos contra os joelhos para abrir os quadris. Agora, inspire e alongue o topo da cabeça em direção ao teto, criando uma leve tração na coluna. Sinta como o movimento de crescer para cima contrasta com o enraizamento dos pés no chão, trazendo uma sensação de equilíbrio e força interior. Respire profundamente e se permita se sentir presente e conectada consigo mesma.

Outras posturas de tração

Variação da Tadasana com um pé na frente do outro para intensificar o equilíbrio

Guerreira 1

Postura do barco

(14)

Respirações

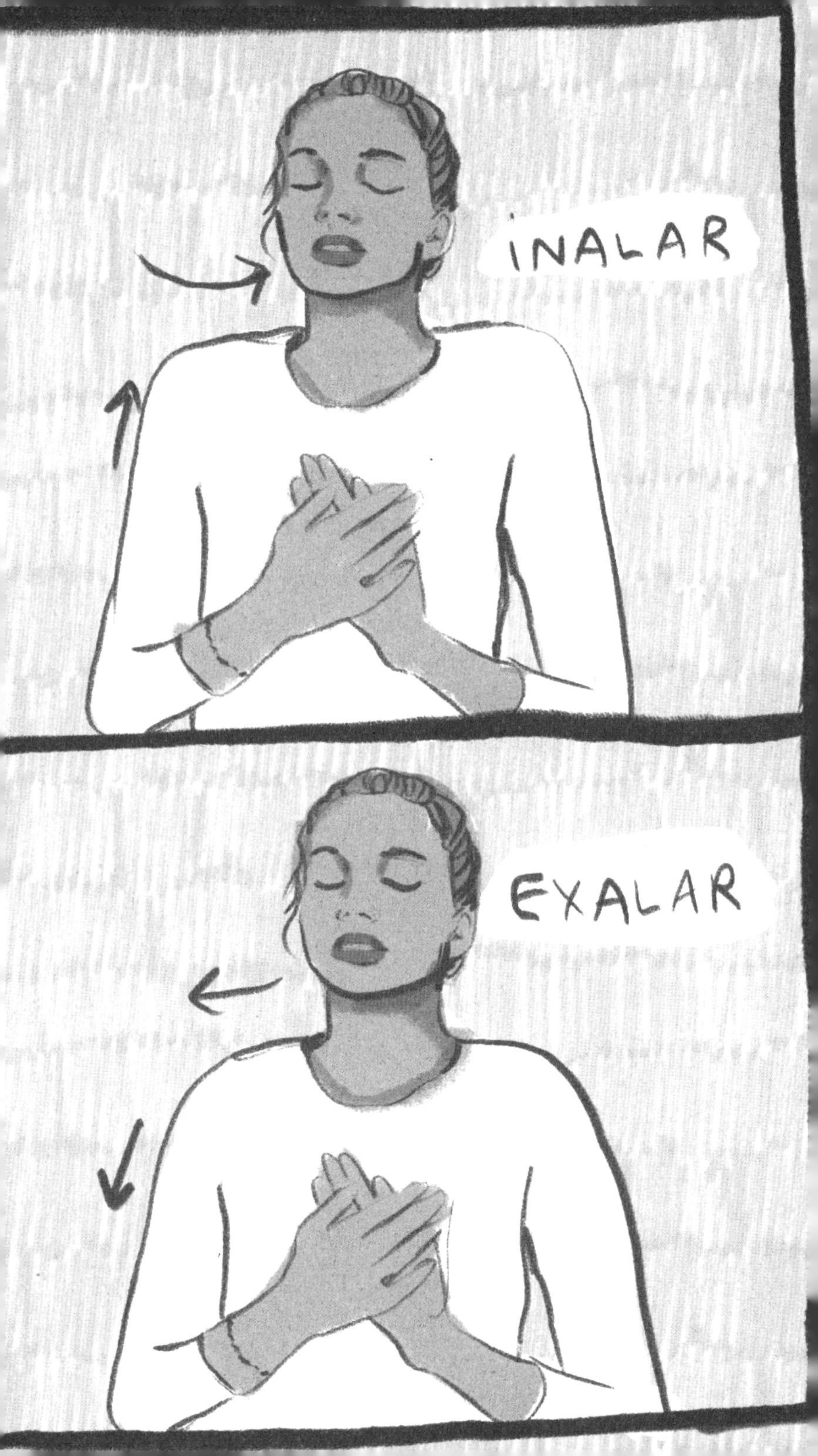
INALAR
EXALAR

Neste capítulo, conforme prometido, você conseguirá realizar diversas técnicas respiratórias, com passo a passo e entendendo os efeitos e benefícios de cada uma delas.

Sinta-se à vontade para praticar no seu próprio ritmo e consultar este manual sempre que precisar. Que tal escolher uma das técnicas para praticar agora?

Respiração abdominal: conectando-se com o centro

A respiração abdominal, também conhecida como "respiração diafragmática", é a base de todas as práticas respiratórias do yoga. Ela nos ensina a respirar de forma profunda e consciente, usando o diafragma para expandir o abdome e levar mais oxigênio para o corpo. Caso você tenha dificuldade para respirar pelo nariz, e seja acostumada a usar apenas a boca, aperfeiçoe essa respiração, até que se sinta confortável. Sua prática regular ativa o sistema nervoso parassimpático, te permitindo encontrar um estado de relaxamento de forma mais rápida no seu dia.

Passo a passo

Sente-se confortavelmente ou deite-se de costas. Sinta o contato do seu corpo com o chão ou com a cadeira. Feche os olhos e traga sua atenção para o momento presente. Agora, coloque as mãos sobre o abdome e comece a respirar profundamente. Inspire pelo nariz, sentindo o abdome se elevar suavemente. Expire, percebendo o abdome descer. A cada inspiração, imagine que você está enchendo seu corpo de calma e serenidade. A cada expiração, solte qualquer tensão ou preocupação. Permita-se relaxar completamente, sabendo que esse momento é só seu. Sinta-se segura e confiante, conectada com o seu centro.

Respiração completa: integrando corpo e mente

A respiração completa consiste em uma técnica poderosa que envolve três regiões do corpo: o abdome, o tórax e a clavícula. Ela nos ajuda a expandir a capacidade pulmonar e a trazer mais vitalidade para o corpo, como se estivéssemos recarregando nossas energias de dentro para fora. No dia a dia, costumamos respirar de forma superficial, usando apenas uma fração do potencial dos pulmões. Com a respiração completa, porém, conseguimos ativar músculos respiratórios que normalmente negligenciamos, levando mais oxigênio às células e melhorando a energia e a clareza mental.

Por exigir mais concentração e foco, essa técnica é ideal para momentos em que precisamos de um gás extra de energia, seja antes de uma reunião importante, seja após um dia cansativo ou sempre que sentirmos que a mente está dispersa.

Passo a passo

Encontre uma posição confortável e feche os olhos. Traga sua atenção para a respiração. Sinta sua coluna crescer na direção do céu ou do teto e relaxe qualquer tensão no pescoço, nos ombros e nas costas. Apoie as mãos no abdome e inspire profundamente, sentindo-o inflar, exatamente igual à respiração anterior. Exale e permita que o abdome relaxe. Permaneça aqui por mais algumas respirações. Agora, traga as mãos para a região das costelas. Tente não movimentar o abdome e busque inalar expandindo apenas as costelas, como se quisesse afastar as mãos do seu corpo, permitindo que o seu tórax infle como um balão. Ao exalar, relaxe toda a região. Continue respirando buscando essa intenção, mesmo que não seja perfeito. Tá tudo bem! Experimente esse novo desafio e perceba as sensações. Depois, passe a mão para a região da clavícula, logo acima do peito. E repita o mesmo exercício. Inale, inflando a região, tentando manter o abdome e o tórax sem movimentações. Exale e permita que todo o corpo relaxe. Quando essa etapa se mostrar confortável e você estiver se sentindo segura, vamos tentar juntar as três partes em uma mesma respiração:

- Inale e infle todo o abdome, continue inalando e infle todo o tórax, continue inalando e infle toda a região da clavícula.

- Permaneça alguns instantes nesse exercício e sinta todo o seu pulmão cheio de ar e solte-o devagar pela clavícula, pelo tórax e pelo abdome. Repita esse ciclo algumas vezes.

- A cada respiração, imagine que você está se conectando com uma energia vital que percorre todo o seu corpo. Sinta-se mais presente, mais viva, mais consciente. Permita-se fluir com a respiração, sabendo que você está exatamente onde precisa estar.

Respiração das narinas alternadas: encontrando equilíbrio

A respiração das narinas alternadas, ou Nadi Shodhana Pranayama, é uma técnica poderosa para equilibrar os hemisférios do cérebro e acalmar o sistema nervoso. Assim como o nome já revela, vamos respirar alternando as narinas. Ela é ótima para momentos que antecedem tomadas de decisões importantes e para acalmar os pensamentos, trazendo mais clareza (por exemplo, antes de uma reunião ou de ministrar uma palestra) ou até mesmo para induzir o sono depois de um dia pesado.

Passo a passo

Para essa respiração, é preciso que você esteja numa posição sentada, no chão ou em uma cadeira. Mantenha a coluna ereta e feche os olhos. Apoie o dedo indicador direito sobre a cartilagem nasal para fechar delicadamente a narina direita. Permita que sua outra mão repouse em seu joelho ou no colo. Inspire pela narina esquerda, sentindo o ar fresco entrar. Agora feche a narina esquerda e expire pela narina direita, liberando qualquer tensão. Inspire pela narina direita, sentindo-se renovada. Bloqueie a narina direita e expire pela narina esquerda, soltando o que não serve mais. Inale pela narina esquerda e bloqueie a direita. Continue alternando as narinas por alguns minutos. Permita-se estar presente e atenta durante cada ciclo. Caso se perca, reinicie o ciclo sem pressões.

Se você sentir que uma de suas narinas está bloqueada a ponto de impedir a realização desse *pranayama*, tente assoar o nariz e realizar a lavagem nasal, ou Jala Neti, e tente novamente. Caso continue a se sentir dessa maneira, é interessante buscar ajuda médica, pois pode ser um indicador de alergias, sinusite ou rinite em estágios mais avançados.

Respiração do crânio brilhante: ativando a energia interior

A respiração do crânio brilhante, ou Kapalabhati Pranayama, é uma técnica energizante que ajuda a limpar as vias respiratórias e a ativar o sistema nervoso. Ela é ideal para momentos nos quais você precisa de mais disposição, foco e energia. Diferentemente das demais, o foco estará na exalação vigorosa e brusca. Sua realização exige mais cuidados que as anteriores e é contraindicada para pessoas com pressão alta, crises de ansiedade e grávidas. Portanto, é muito importante realizá-la sentada e em um lugar seguro, pois pode causar vertigem, tonturas e até mesmo hiperventilação.

Contudo, apesar de suas contraindicações, eu a vejo como uma técnica muito importante para mulheres exaustas, motivo pela qual decidi trazê-la neste manual para que você a experimente. É uma das poucas técnicas que estimulam o sistema nervoso simpático (sim, o responsável pelo estresse!), o que se faz necessário em estágios de letargia, cansaço crônico e falta de vitalidade. Nesse passo a passo, é preciso começar devagar para você sentir como o seu corpo responde. Conforme você for ganhando experiência com a prática regular dessa respiração, recomendo que aumente o ritmo das exalações. Mas sempre se mantendo segura e confortável, combinado?

Passo a passo

Sente-se com a coluna ereta e as mãos repousadas sobre os joelhos.

Inspire profundamente todo ar que puder e exale de uma vez de forma rápida e vigorosa pelo nariz, contraindo o abdome. Deixe a próxima inspiração acontecer naturalmente, sem forçar. Quando sentir o seu pulmão cheio de ar, solte tudo de uma vez pelo nariz, contraindo o abdome. Nessas exalações, é necessário fazer força, empurrando o abdome para dentro. Repita por 1 a 2 minutos, mantendo um ritmo constante. Sinta como essa respiração ativa a energia interior, como se estivesse acendendo uma chama dentro de você. A cada expiração, imagine que está liberando tudo o que a impede de brilhar. Permita-se se sentir revigorada, cheia de vitalidade e pronta para enfrentar o que vier. Sinta-se poderosa e conectada com a sua força interior. Caso não se sinta muito confortável, pare a respiração imediatamente, sem sentir culpa.

Após o ciclo, feche os olhos e observe o efeito dessa respiração no corpo. Veja se você consegue sentir o *prana* fluindo por cada uma de suas células.

Se após alguns dias de prática você quiser avançar, aumente a velocidade entre as exalações. Você sentirá seu corpo aquecido, energético e disposto.

Foi em uma aula em que passei essa respiração que surgiu o bordão "chapadinha de yoga" entre as minhas alunas. É bem gostosa a sensação de imersão em si. Espero, de coração, que você goste.

Respiração Ujjayi: a respiração do oceano

A respiração Ujjayi é uma técnica calmante e energizante, conhecida por seu som suave, que lembra as ondas do mar, e que é criado pela leve contração da garganta durante a inspiração e a expiração. Esse som ajuda a manter a mente focada e a trazer uma sensação de calma e presença.

É muito comum realizá-la durante as aulas de yoga, pois ela ajuda a acalmar a mente e a manter o foco durante a prática.

É difícil explicá-la em palavras, mas o segredo dessa respiração está na garganta. Acredito que vamos conseguir com o passo a passo a seguir. Minha dica é: escute o som!

Passo a passo

Encontre uma posição confortável para realizar essa respiração. Comece a respirar profundamente pelo nariz e solte o ar pela boca. Repita algumas vezes. Agora, feche a boca na metade da exalação, mas tente manter o ar passando pelo mesmo lugar. Continue inalando pelo nariz e soltando o ar pela boca, tentando fechar os lábios no meio da exalação. Repita algumas vezes até que seu corpo entenda essa nova experiência. Agora, tente inalar e exalar por esse mesmo local, como se você estivesse contraindo levemente a garganta. Está similar ao som das ondas do mar? Consegue deixá-lo mais alto? Tudo bem se essa respiração não se tornar confortável na primeira tentativa. Continue praticando, tenho certeza de que levará apenas alguns dias para que isso aconteça.

Nessa respiração, é importante não forçar a garganta, encontrando equilíbrio entre esforço e conforto. É importante ser capaz de praticá-la por muito tempo sem dores, visto que compreende uma técnica muitas vezes realizada em conjunto com as posturas de uma aula inteira. Não deixe de praticá-la e de perceber os efeitos dela em seu corpo.

Respiração Sitali: refrescando o corpo e a mente

A respiração Sitali é uma técnica refrescante que ajuda a reduzir o calor corporal e a acalmar a mente. É perfeita para dias quentes de verão ou para momentos de irritação.

Passo a passo

Encontre uma posição confortável e feche os olhos. Enrole a língua em forma de "U" (ou inspire pelos cantos da boca, se não conseguir enrolar a língua) e inspire pela boca, sentindo o ar fresco entrar. Expire pelo nariz, liberando o calor interno. A cada expiração, solte qualquer irritação ou desconforto A cada inspiração, imagine que está absorvendo uma brisa fresca e calmante. Repita pelo menos 10 ciclos (10 inalações e 10 exalações) ou coloque um despertador com 5, 10 ou 15 minutos; caso não, vá contar as respirações. Permita-se se sentir refrescada, leve e em paz. Sinta-se renovada, pronta para seguir com serenidade.

(15)

Torne-se capaz de meditar!

Antes de mergulharmos nas meditações, quero compartilhar algumas dicas que vão ajudar você a criar uma prática que funcione de verdade. Primeiro, o timer é seu melhor amigo! Use o celular, um relógio ou até aplicativos de meditação para marcar o tempo. Assim você não fica naquela neura de "será que já acabou?" e pode se entregar totalmente ao momento. Comece com 5 ou 10 minutinhos por dia – não precisa ser uma maratona. Aos poucos, à medida que for se sentindo mais confortável, pode aumentar esse tempo. A meditação é como plantar uma sementinha: regue-a todos os dias, mesmo que seja só um pouquinho, e você verá os resultados brotando naturalmente.

Todas as meditações que vou te ensinar aqui foram feitas para você praticar sozinha, no seu ritmo, sem precisar de áudios guiados ou alguém te dizendo o que fazer. É um momento seu, de conexão consigo mesma. E olha: se a mente decidir dar uma viajada (e ela vai, pode apostar!), não se culpe. É supernormal! Apenas observe os pensamentos passando, como se fossem carros em uma avenida movimentada, e, com carinho, traga sua atenção de volta para a sua âncora. O importante é não brigar com a mente, e sim ser gentil com você.

Agora, vamos falar dos "probleminhas" que podem aparecer. Sono? Acontece! Se bater aquele cansaço, tente meditar em um horário em que você esteja mais acordada ou faça a prática com os olhos semiabertos. Inquietação? Ajuste a postura, mude de posição, sente-se de outro jeito – o conforto é essencial. E, se a mente estiver acelerada demais, não se preocupe, use esse caos a seu favor para aplicar as técnicas a seguir. Lembre-se: não existe meditação perfeita. Cada prática é uma aventura, e o que importa é você se permitir experimentar, sem pressão nem cobrança. Você já tem tudo do que precisa dentro de você. Só precisa confiar.

Encontre sua âncora

A meditação de ancoragem é uma daquelas práticas simples, mas com um poder incrível de nos trazer de volta para o momento presente. E o melhor de tudo? Ela usa algo que a gente já tem de graça e está sempre por perto: a respiração. Sim, aquela mesma que tá rolando agora, sem você nem precisar pensar a respeito. A respiração é como uma âncora porque, independentemente do que esteja acontecendo, ela está ali, firme e constante, pronta para nos ajudar a encontrar um pouco de calma no meio do caos.

Nessa prática, você vai aprender a observar o ritmo da sua respiração – sem tentar controlar, sem julgamentos – e usá-la como um porto seguro para acalmar a mente e o corpo. É como se, ao focar a respiração, você criasse um espaço de paz dentro de você, mesmo que o mundo lá fora esteja uma loucura.

Agora, uma coisa que eu adoro lembrar é que a respiração não é a única âncora possível. Existe um mundo de opções por aí! Você pode usar as batidas do coração, o som da chuva, um mantra que te acalme, a chama de uma vela ou até mesmo a visualização de um lugar ou objeto que te traga paz. A respiração, pra mim, é a mais acessível – afinal, ela está sempre com a gente –, mas eu te incentivo demais a se arriscar e a experimentar outras âncoras. Quem sabe você não descobre uma que combine mais com o seu jeito de ser? A meditação é uma jornada de autoconhecimento, e cada prática é uma chance de explorar novas possibilidades. Então respire fundo e venha comigo!

Passo a passo

Primeiro, encontre um cantinho tranquilo onde você não será interrompida. Pode ser no seu tapete de yoga, no sofá, na cama ou até mesmo no chão – o importante é que você se sinta confortável. Sente-se com a coluna ereta, mas sem rigidez, sabe? Deixe-a relaxada, como se estivesse crescendo em direção ao céu. Se preferir, pode usar uma almofada ou se sentar numa cadeira, com os pés bem apoiados no chão. Agora, feche os olhos ou deixe-os semiabertos, com o olhar suave, direcionado para baixo.

Antes de começar, dê uma olhadinha no seu corpo. Sinta os pés no chão, as mãos apoiadas, a coluna alongada. Perceba se tem alguma tensão escondida nos ombros, no rosto ou na mandíbula e solte-a, como se estivesse deixando ir tudo o que não precisa estar ali. Respire fundo e permita-se estar presente, aqui e agora.

Agora, leve a atenção para a respiração. Não precisa controlar nada, só observe. Sinta o ar entrando e saindo pelas narinas, o peito e o abdome se movendo suavemente, como ondas no mar. Escolha um ponto para focar: pode ser a sensação do ar passando pelas narinas, o movimento do peito ou o sobe e desce do abdome. Esse será o seu ponto de âncora. E, de novo, não se preocupe se a mente começar a divagar – isso é completamente normal! Quando perceber que se distraiu, não se critique. Apenas reconheça o pensamento ou a emoção que surgiu e, com carinho, traga sua atenção de volta para a respiração. Esse vai e vem de "perceber e voltar" faz parte da prática. É assim que a gente treina a mente para ficar no presente.

Depois de alguns minutos (ou o tempo que você escolher), comece a trazer sua atenção de volta ao ambiente. Observe os sons ao seu redor, os pontos de contato do seu corpo com o chão ou a cadeira. Mexa os dedos das mãos e dos pés devagar, como se estivesse acordando o corpo. Quando se sentir pronta, abra os olhos e leve essa sensação de presença com você para o resto do dia.

Caminhando e meditando

Caminhar pode ser muito mais do que um exercício físico – pode representar uma meditação poderosa, cheia de descobertas e conexão com o momento presente. Essa prática é perfeita para quem quer ter mais consciência no dia a dia ou para quem acha difícil ficar parada meditando. Então, bora colocar o pé na estrada (ou na calçada, no parque, na praia...) e experimentar?

Passo a passo

Escolha um lugar tranquilo para caminhar, por onde você possa se concentrar sem muitas distrações, por exemplo, um parque, uma praça, uma rua calma ou até mesmo o quintal de casa. Vista roupas confortáveis e calce um tênis que não aperte. A ideia é que esteja à vontade para se mover. Antes de sair caminhando, pare por um instante. Fique em pé, com os pés bem apoiados no chão, e respire fundo algumas vezes. Sinta o peso do seu corpo, a brisa no rosto, os sons ao redor. Deixe-se chegar ao momento presente.

Agora, comece a caminhar em um ritmo natural, nem muito rápido, nem muito devagar. Leve sua atenção para as sensações do corpo: sinta os pés tocando o chão, o movimento das pernas, o balanço dos braços. Perceba como cada passo é único, como o peso do corpo se transfere de um pé para o outro. Se quiser, você pode sincronizar a respiração com os passos. Por exemplo, inspire por três passos e expire por três passos. Isso ajuda a manter o foco e a trazer uma sensação de ritmo e fluidez para a caminhada.

Enquanto caminha, abra os sentidos para o mundo em seu entorno. Observe as cores, os formatos das árvores, o céu, os sons dos pássaros ou do vento. Sinta a textura do chão sob seus pés. Se a mente "viajar", gentilmente traga sua atenção de volta para as sensações da caminhada. É normal que os pensamentos apareçam – preocupações, listas de tarefas, lembranças. Quando isso acontecer, não se critique. Apenas reconheça o pensamento e, com carinho, volte a atenção para o movimento do corpo e para o ambiente ao seu redor.

Quando estiver pronta para terminar, diminua o ritmo gradualmente. Pare por alguns instantes e respire fundo. Observe como seu corpo está, como a mente se sente. Agradeça por esse momento de conexão consigo mesma e com o mundo à sua volta.

Meditação com um docinho!

Quantas vezes você já comeu um docinho com culpa, como se estivesse fazendo algo errado? A gente cresce ouvindo que doces são "proibidos", que não podemos nos entregar aos prazeres da vida sem sentir remorso. Mas e se eu te disser que esse momento de saborear um chocolate, um bombom ou aquele pedaço de bolo pode ser uma experiência incrível de conexão e autoconhecimento?

Essa meditação é um convite para ressignificar sua relação com a comida – e, principalmente, com os doces. Não se trata apenas de sentir o sabor e a textura, mas também de se permitir viver o prazer que esses momentos simples são capazes de gerar. Quantas vezes a gente deixa de aproveitar uma festa, um encontro com amigos ou até um momento sozinha porque está preocupada em "não exagerar" ou em "compensar depois"? Aqui, a proposta é diferente: é sobre estar presente, sentir cada mordida e se abrir para a alegria que um docinho consegue proporcionar.

E o melhor? Essa prática não precisa ser feita em um momento específico de meditação. Pode ser naquela festa de aniversário, no café com as amigas, depois do jantar ou até no meio da tarde, quando bate aquela vontade de um chocolate. Quanto mais você trouxer essa atenção plena para a comida, mais leve e saudável será a sua relação com os alimentos. Afinal, comer não envolve apenas nutrir o corpo – é também nutrir a alma.

Então pegue aquele docinho de que você mais gosta, sente-se confortavelmente e vamos juntas transformar esse momento em uma experiência rica, cheia de sabores, texturas e emoções. Porque você merece aproveitar os prazeres da vida sem culpa, com presença e gratidão.

Passo a passo

Pegue aquele seu docinho preferido. Pode ser um chocolate, um bombom, um pedacinho de doce de leite... o que seu coração mandar! O importante é que seja algo que você realmente adore. Encontre um lugar tranquilo onde você possa sentar sem pressa. Desligue o celular, a TV, o computador – esse momento é apenas seu. Sente-se confortavelmente, com a coluna ereta, mas relaxada.

Antes de comer, segure o docinho na mão e observe-o com curiosidade: a cor, o formato, os detalhes. Imagine o modo como foi feito, os ingredientes usados. Sinta a textura com os dedos. É liso? Rugoso? Crocante?

Agora, leve-o ao nariz e respire fundo. Sinta o aroma. O que ele te lembra? Deixe que o cheiro desperte suas memórias e sensações. Dê uma mordida ou coloque-o na boca, mas sem mastigar ainda. Sinta a textura na língua, o sabor começando a se espalhar. Observe as sensações que surgem. É doce? Amargo? Cremoso? Crocante?

Comece a mastigar devagar, prestando atenção em cada movimento da boca. Sinta como o sabor vai mudando, como as texturas se transformam. Deixe-se envolver por essa experiência, como se fosse a primeira vez que você experimenta esse docinho. Enquanto saboreia, observe as emoções que aparecem. Alegria? Nostalgia? Gratidão? Não julgue, apenas sinta. Como eu disse, esse momento é seu, e não cabe nele certo ou errado.

Quando terminar, respire fundo e agradeça por esse momento de prazer e conexão. Pense em todas as pessoas que estiveram envolvidas para que aquele docinho chegasse até você – desde quem plantou os ingredientes até quem o preparou.

Personificando seus pensamentos

Já percebeu como a mente parece ter uma voz própria? Aquela que fica comentando, julgando, preocupando e, às vezes, até nos colocando para baixo. Essa voz pode ser barulhenta, especialmente em momentos de ansiedade, estresse ou tristeza. Mas e se, em vez de brigar com ela ou tentar ignorá-la, a gente aprendesse a conversar com essa voz?

A meditação a seguir é inspirada na técnica RAIN (Reconhecer, Aceitar, Investigar e Não se identificar) do *mindfulness*, mas com um toque especial: vamos personificar essa voz, dar um rostinho, um nome e até um estilo para ela. Assim você pode se relacionar com seus pensamentos de forma mais gentil e consciente, diminuindo o impacto que eles têm sobre você.

Passo a passo

Sente-se em um lugar confortável, onde você não será interrompida. Feche os olhos e respire fundo algumas vezes, trazendo sua atenção para o momento presente. Comece realizando a técnica da ancoragem e escolha a sua âncora: pode ser a sua respiração, as batidas do seu coração ou até mesmo um som. Quando algum pensamento vier, já sabe: observe-o como quem olha os carros passando por uma avenida agitada. Mas, de vez em quando, permita-se pegar carona, para observar mais de perto. O que esse pensamento está dizendo? Existe alguma voz? Ela está preocupada? Julgando? Criticando? Não tente mudar ou parar os pensamentos – apenas observe.

Agora, imagine essa voz como uma personagem. Como ela é? Qual é o nome dela? Eu gosto de dar nomes de personagens de filmes ou desenhos de que eu gosto. Quando vem um pensamento muito avoado e distraído, eu chamo de Dory (do filme *Procurando Nemo*), quando é algo muito perfeccionista, chamo de Monica (da série *Friends*) e, quando é um daqueles muito julgadores, que adoram dar pitaco em tudo, chamo de Carminha, a vilã da novela *Avenida Brasil*. Mas também é importante ser algo carinhoso, que te traga algum conforto para lidar com esse pensamento, o que faz o nome ter um papel muito importante. Caso não se identifique com personagens já existentes, crie um nome que combine com essas vozes que surgem. Para isso, comece a dar características a elas: imagine o rosto, a cor do cabelo, como se vestem, como falam. Deixe a criatividade fluir!

Quando a personagem aparecer, não a ignore nem brigue com ela. Em vez disso, converse com ela como se fosse uma amiga. Pergunte: "Oi, [nome dela], por que você está aqui hoje? O que você quer me dizer?". Ouça o que ela tem a lhe dizer, mas lembre-se: você não é essa voz. Você é a pessoa que a está ouvindo.

Depois de ouvir o que ela tem a dizer, agradeça a presença dela. Pode parecer estranho, mas essa voz, mesmo que incômoda, muitas vezes está tentando te proteger de alguma forma. Essa conversa íntima com seus pensamentos talvez pareça loucura, mas é um ótimo exercício! Então imagine a voz indo embora, como uma visitante ou uma amiga que veio te ver e agora está de partida.

Respire fundo e traga a atenção de volta para o seu corpo e para o ambiente ao seu redor. Sinta os pés no chão, as mãos apoiadas, a respiração fluindo. Lembre-se de que você é muito mais do que os pensamentos que passam pela sua mente.

Yoga Nidra

Você já imaginou conseguir os benefícios de uma noite inteira de sono profundo em apenas 20 ou 30 minutos? É exatamente isso que o Yoga Nidra oferece. Essa prática milenar, também conhecida como "sono consciente", nos leva a um estado único entre a vigília e o sono, no qual o corpo alcança um relaxamento profundo e a mente permanece alerta, embora completamente calma.

Cientificamente, o Yoga Nidra ativa o sistema nervoso parassimpático (lembra?), responsável pelo descanso e pela recuperação do corpo. Nesse estado, as ondas cerebrais diminuem para um ritmo mais lento, semelhante ao do sono profundo (ondas delta), enquanto a consciência se mantém ativa. Isso permite que o corpo se restaure, libere tensões acumuladas e recarregue as energias, como se você tivesse dormido por horas.

Além disso, alguns estudos[1] mostram que o Yoga Nidra pode reduzir os níveis de cortisol (o hormônio do estresse), melhorar a qualidade do sono, aumentar a clareza mental e até fortalecer o sistema imunológico. É como um *reset* para o corpo e a mente, especialmente em dias em que nos sentimos sobrecarregadas ou exaustas.

Vamos experimentar?

---

[1] Para saber mais: PANDI-PERUMAL, S. R. *et al*. The origin and clinical relevance of Yoga Nidra. *Sleep and Vigilance*, v. 6, n. 1, p. 61-84, 2022

RANI, K. *et al*. Yoga Nidra as a complementary treatment of anxiety and depressive symptoms in patients with menstrual disorder. *International Journal of Yoga*, v. 51, n. 1, p. 52-56, 2012.

DATTA, K.; TRIPATHI, M.; MALLICK, H. N. Yoga Nidra: an innovative approach for management of chronic insomnia – case report. *Sleep Science Practice*, v. 1, n. 1, 2017.

KUMAR, K. A study on the impact on stress and anxiety through Yoga Nidra. *Indian Journal of Traditional Knowledge*, v. 36, n. 3, p. 163-169, 2004.

Passo a passo

Encontre um lugar silencioso e confortável. Deite-se de costas, em um colchonete, na cama ou no chão, com um travesseiro sob a cabeça e outro sob os joelhos, se preferir. Cubra-se com um cobertor se estiver frio. Feche os olhos e respire fundo algumas vezes, permitindo que o corpo comece a soltar as tensões. Antes de começar, pense em uma intenção positiva para a sua prática. Pode ser algo simples como "Eu mereço descansar" ou "Eu escolho a paz". Repita essa intenção mentalmente três vezes, com convicção. Ela será o seu guia durante o Yoga Nidra.

Traga sua atenção para sua respiração e perceba como seu corpo está nesse momento. Perceba se você sente alguma tensão ou algum desconforto específico. Mova-se, caso precise, para encontrar seu conforto. Respire por mais alguns instantes e se permita ficar imóvel. Agora, leve sua atenção para cada parte do corpo, começando pelos pés. Sinta os dedos dos pés, os calcanhares, os tornozelos. Permita que eles relaxem completamente. Suba pelas pernas, pelos joelhos, pelas coxas, até chegar ao quadril. Continue assim, passando por várias partes do corpo: barriga, peito, costas, braços, mãos, pescoço, rosto e cabeça. Sinta cada parte do corpo ficando pesada e relaxada, como se estivesse derretendo no chão. Volte sua atenção para a respiração. Não tente controlá-la, apenas observe-a. Sinta o ar entrando e saindo pelas narinas, o peito e o abdome se movendo suavemente. Se a mente divagar, traga gentilmente seu foco de volta para a respiração, como você aprendeu na técnica de ancoragem.

Permaneça aqui por alguns minutos e, mentalmente, repita a intenção que você escolheu no início da prática. Sinta-a como uma sementinha sendo plantada no seu coração, pronta para crescer e se fortalecer. Aos poucos, comece a trazer sua atenção de volta ao ambiente. Mexa os dedos das mãos e dos pés, alongue o corpo devagar e, quando se sentir pronta, abra os olhos. Permaneça deitada por alguns instantes, sentindo os efeitos do relaxamento. Se adormecer durante a prática, não se preocupe. O corpo está aproveitando o descanso tão merecido.

(16)

sequências completas

Agora finalmente chegamos à parte de movimentar esse corpinho! E, sim, essa é a minha parte favorita do yoga. Eu amo abrir o tapete e sentir como meu corpo está, poder trazer movimento para minhas articulações, sentir minha atenção em cada parte do meu corpo enquanto eu respiro. E espero que, em poucas práticas, você também possa perder o medo de praticar sozinha e descobrir essa conexão consigo mesma. É ela que vai te salvar dos dias mais exaustivos daqui para a frente.

Escolhi as minhas sequências favoritas para este manual, as quais, além de serem rápidas e simples, se encaixam perfeitamente na rotina agitada e com benefícios reais para o dia a dia. Cada uma delas será acompanhada por um guia, com tempo sugerido, o lugar onde pode ser praticado (ar livre, tapete, na cama) e chazinhos para o momento da prática!

Você está pronta!

Confie em tudo que já aprendeu até aqui e não tenha medo de executar as posturas por conta própria. Iniciante ou com anos de prática, é normal se sentir insegura ao praticar sozinha. Não somos ensinadas a ser livres e a confiar na nossa intuição, por isso nos sentimos tão travadas ao imaginar fazer as coisas por nós mesmas. Precisamos de validação o tempo todo, mas quem melhor do que você, dona do seu corpo, para saber o que é melhor para ele?

Por isso, cada prática nas próximas páginas deste manual representa um convite para se reconectar consigo mesma. Aproveite cada postura para perceber como seu corpo reage e identificar possíveis dores ou desconfortos (físicos ou emocionais). Sinta-se livre para explorar adaptações: considere cada prática um momento de experimentação, sem pressão nem julgamentos.

Somos muito acostumadas a tentar ir além e sempre superar nossos limites, como se esse fosse o único caminho para encontrar resultados. Mas, nas próximas práticas, eu te proponho algo diferente: aproveite a sua zona de conforto! Buscar o que é confortável não é fácil e exige muito autoconhecimento. Por isso, não caia na tentação do ego de querer ultrapassar seus limites. Você já tem tudo que é necessário para aproveitar sua prática de yoga ao máximo.

Mergulhando em mim

Apesar de ter medo do mar, uma das coisas que mais amo fazer é mergulhar. Meu sonho era ser bióloga marinha e, durante a faculdade de biologia, tive a oportunidade de participar de um projeto em Arraial do Cabo, no Rio de Janeiro, onde estudávamos o peixe mero-preto, uma espécie em risco de extinção. Eu adorava vestir a roupa de mergulho, calçar os pés de pato, ajustar a máscara... era como se eu estivesse dentro de um daqueles documentários de aventura a que assistia no Discovery Channel. Nosso papel era observar, sem intervir, e, ao final, fazíamos anotações para levar para análise estatística. Todo mergulho era como se eu estivesse entrando em um mundo diferente, mesmo mergulhando na mesma praia, na mesma água, nas mesmas rochas.

E, antes de seguir para o tapete, é como se eu estivesse ali no barco, olhando o mar de cima: eu não faço ideia do que vou encontrar lá embaixo. Essa sensação me ajuda a reduzir as expectativas e a lidar com as frustrações das inconstâncias. Conforme vou respirando e trazendo minha atenção para o momento presente, começo também a mergulhar dentro de mim, descobrindo o que está submerso. Será que a água estará turva ou límpida? O mar estará agitado ou calmo? Será que vou encontrar peixinhos coloridos nadando entre os corais, ou tudo estará sem cor?

Praticar yoga é uma forma de mergulhar em mim mesma. E, daqui para a frente, eu quero que você se permita mergulhar no seu mar também. Combinado?

Seu corpo é perfeito da forma como ele é!

Uma das coisas mais bonitas no yoga é que ele não tem a ver com perfeição, mas com conexão. Cada corpo é único, e as posturas – ou *asanas* – são apenas ferramentas para nos ajudar a explorar essa singularidade. As ilustrações presentes neste livro são apenas *uma* das muitas formas de expressar uma postura, e não um modelo a ser copiado à risca. O yoga é uma prática pessoal, íntima e, acima de tudo, gentil. Ele deve se adaptar a você, e não o contrário.

Ao praticar, lembre-se sempre: não há certo ou errado. O que importa é como você se sente na postura, não como ela se parece. Se o seu corpo pede para avançar um pouco mais, vá com calma e o respeite. Se ele pede para recuar, escute essa necessidade sem julgamentos. Talvez hoje você sinta mais rigidez, e está tudo bem. Amanhã, pode ser que você se sinta mais solta, e isso também está perfeito. O yoga é um convite para honrar o momento presente, exatamente como ele é.

Nas redes sociais, muitas mulheres me escrevem dizendo coisas como: "Minha perna não abre desse jeito", "Não consigo descer meu tronco assim", "Não alcanço meu pé". Esses comentários me tocam profundamente, porque revelam uma cobrança interna que muitas de nós carregamos: a ideia de que, se não conseguimos fazer algo exatamente como vemos, somos incapazes. Mas isso não é verdade. Você não precisa ser flexível, forte nem "perfeita" para praticar yoga. Você só precisa estar presente.

Eu, por exemplo, não sou uma artista circense, e as posturas que ensino são sempre adaptáveis. O yoga não tem a ver com desempenho, e sim com autoconhecimento. Está relacionado a respirar, sentir e aceitar o seu corpo como ele é hoje. Se você não alcança o pé, tudo bem. Se não consegue abrir as pernas completamente, tudo bem. O que importa é que você está se movendo, respirando e cuidando de si mesma. Isso já é yoga.

Entendendo os cards

Nas práticas a seguir, você encontrará alguns símbolos que indicam possibilidades para facilitar e aprimorar o seu momento de yoga.

O símbolo da **caneca de chá** representa uma sugestão de chá que combina com o tema da prática. É um convite para criar um ambiente ainda mais aconchegante e conectado com o propósito do seu momento de yoga.

O símbolo da **cama** indica que a prática pode ser feita não apenas no tapete, mas também na cama – seja antes de dormir seja ao acordar ou sempre que você preferir. A ideia é trazer flexibilidade para que o yoga se adapte à sua rotina.

O símbolo do **tapete** mostra que a prática deve ser feita com bastante estabilidade e, por isso, não pode ser realizada na cama. Porém, você pode fazê-la em casa, na praia ou no parque. Aproveite a oportunidade e leve este livro pra ir tomar um solzinho enquanto você movimenta o seu corpo. ☺

O símbolo do **relógio** mostra o tempo total de duração da prática, seguindo a sugestão de tempo para cada postura. Isso ajuda você a se planejar e a encaixar o yoga no seu dia com mais facilidade.

No entanto, não se sinta pressionada a seguir o tempo sugerido como uma regra rígida. Se o seu corpo pedir mais tempo em uma postura, fique à vontade para escutá-lo. O yoga é um convite para se conectar com suas necessidades, e não para seguir padrões externos. Sinta-se livre para adaptar a prática ao seu ritmo e ao que faz sentido para você.

1 minuto = 8 respirações

Para facilitar o entendimento sobre o tempo, escolhi sugerir uma quantidade de minutos em cada postura. Porém, não é muito comum usar cronômetro nas posturas de yoga, a não ser quando permanecermos nelas por muitos minutos. É mais comum contarmos as nossas respirações.

Consideramos uma respiração quando inalamos e exalamos, ou seja:

1 inalação + 1 exalação = 1 respiração.

E claro: cada pessoa poderá usar um ritmo respiratório, levando mais ou menos tempo para completar um ciclo. Mas podemos considerar, como referência para as próximas práticas, que 10 respirações totalizam aproximadamente 1 minuto.

Cobra
1 min

Da mesma forma, quando houver a sugestão de 30 segundos, você pode contar 5 respirações na postura.

Cachorro olhando para baixo
30 s

Faça para os dois lados

Nas ilustrações deste manual, você notará que as posturas são representadas de um único lado para facilitar a visualização e o entendimento. No entanto, é essencial que todas as práticas sejam realizadas de ambos os lados, direito e esquerdo. Isso não apenas promove o equilíbrio físico, mas também ajuda a harmonizar a energia do corpo, evitando descompensações musculares e posturais. Ao trabalhar os dois lados, você cultiva uma prática mais integrada e consciente, respeitando as necessidades do seu corpo e garantindo que nenhum lado fique sobrecarregado ou negligenciado.

Usando a **postura da torção deitada** como exemplo, você encontrará dessa forma na ilustração da prática:

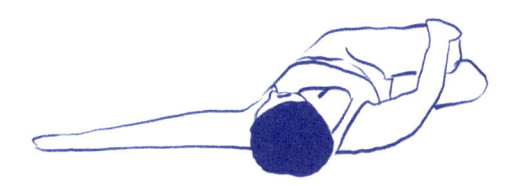

Torção
1 min cada lado

Porém, ao finalizar o tempo sugerido de 1 minuto, você deve levar as pernas para o outro lado também, nesse caso, da seguinte maneira:

Minha primeira prática

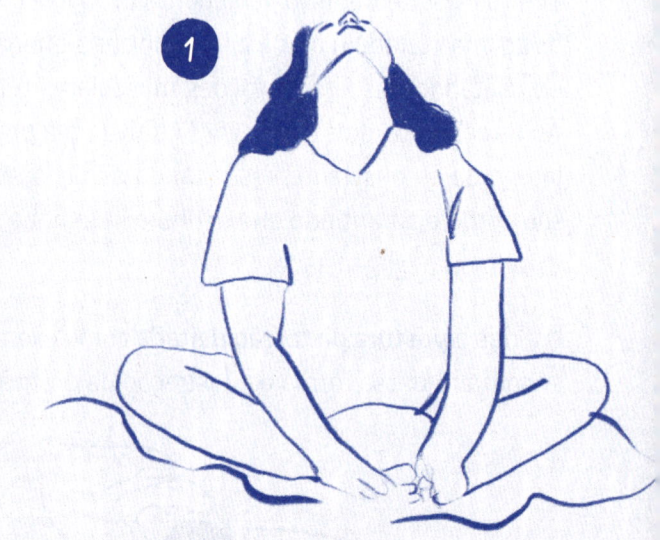

- 9 min
- Camomila

1 Borboleta + abertura de peito
1 min

2 Mahamudra
1 min cada lado

3 Panqueca
2 min

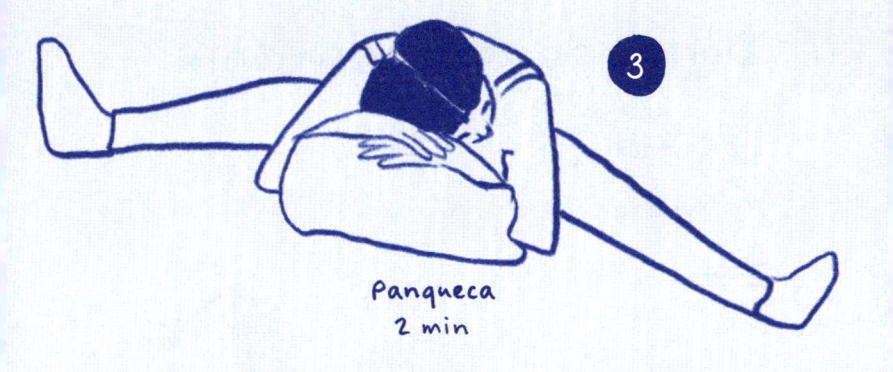

4 Pombo deitado
1 min cada lado

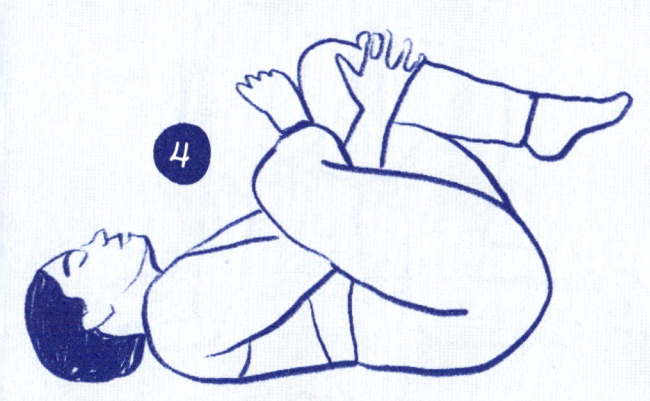

5 Torção
1 min cada lado

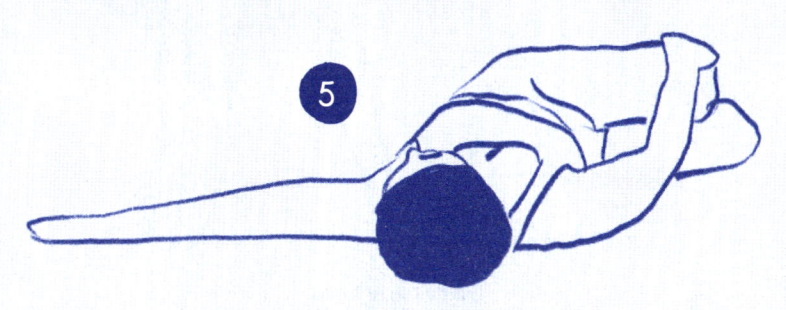

Dormindo profundamente

- 9 a 15 min
- Valeriana

1

Gatos e vacas
1 min

2

Pombo
2 min cada lado

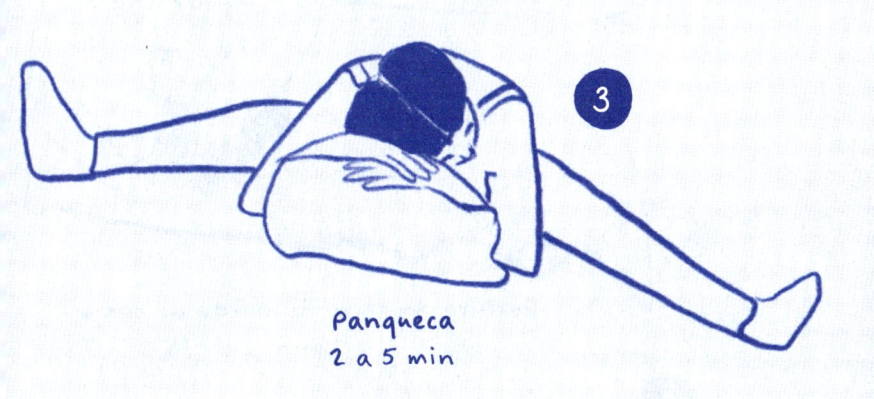

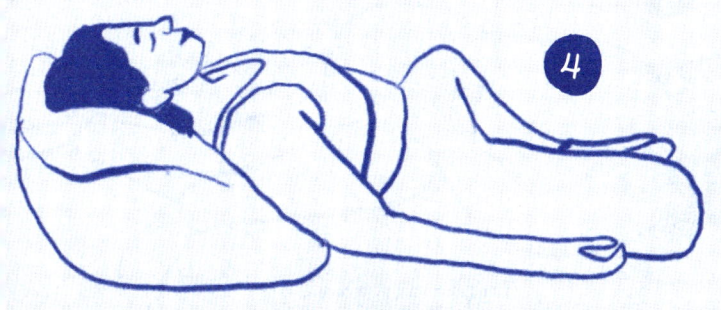

3

Panqueca
2 a 5 min

4

Deusa reclinada
2 a 5 min

Recarregando as baterias

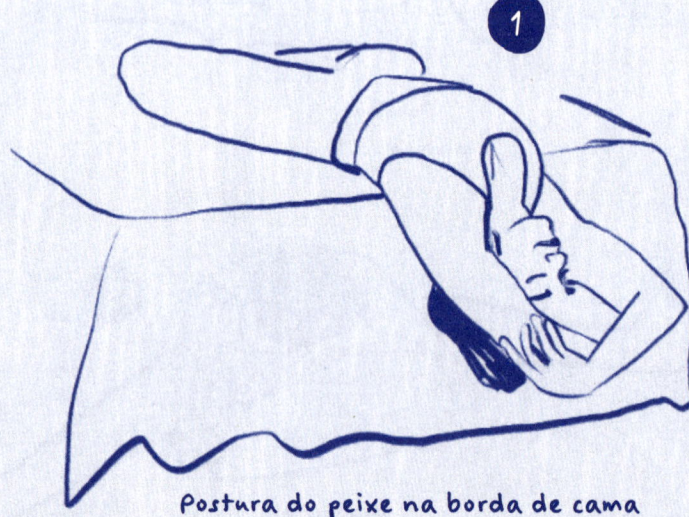

- 8 min
- Ginseng
- 🛏

1

Postura do peixe na borda de cama
1 min

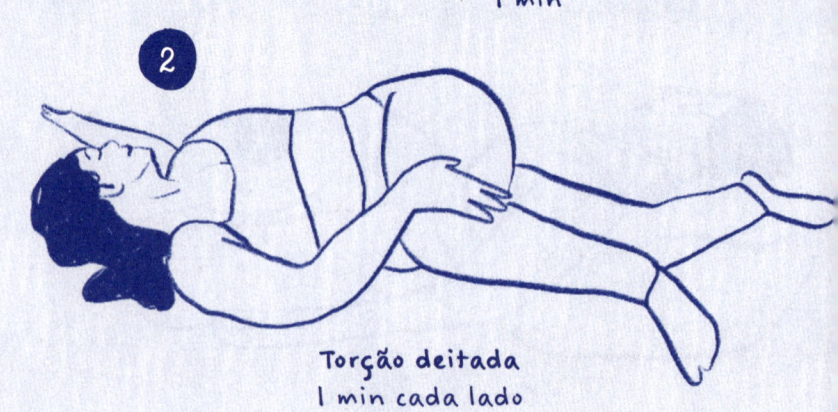

2

Torção deitada
1 min cada lado

3 Pombo deitado
1 min cada lado

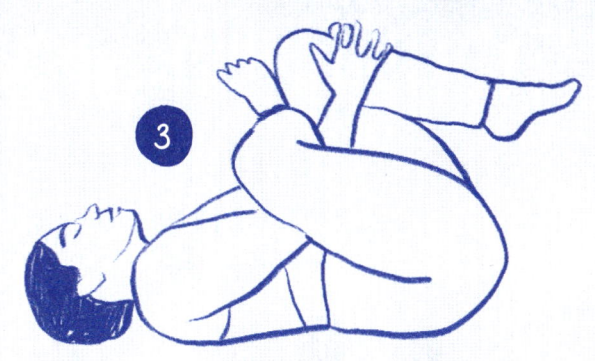

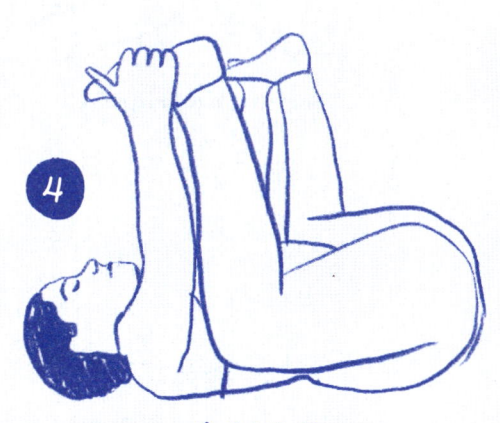

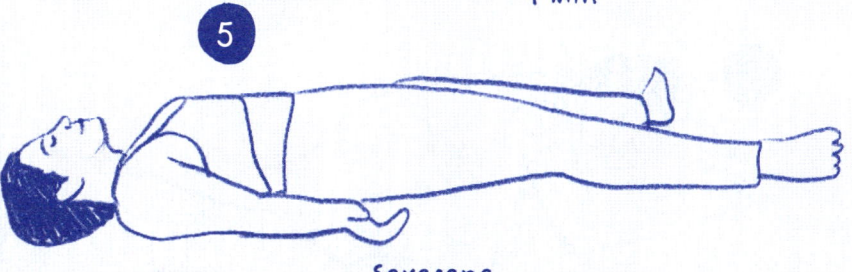

4 Bebê feliz
1 min

5 Savasana
2 min

Preciso de uma pausa

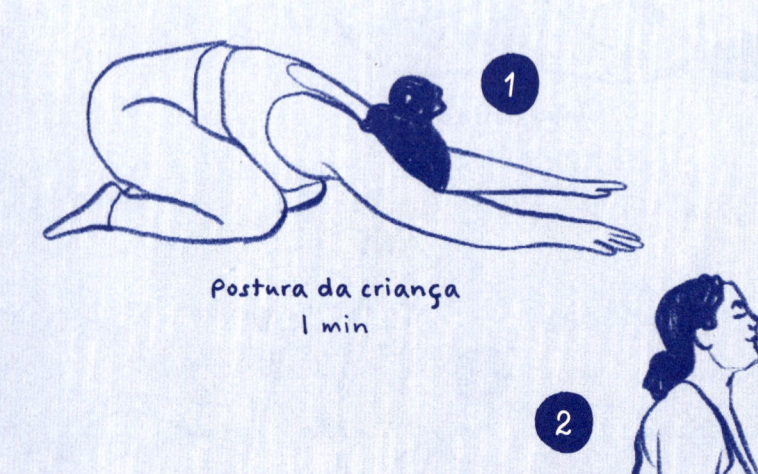

- ⏰ 10 min
- ☕ Lavanda
- 🛋️

1 Postura da criança
1 min

2 Cobra
1 min

3 Pombo
1 min cada lado

4 Mahamudra
1 min cada lado

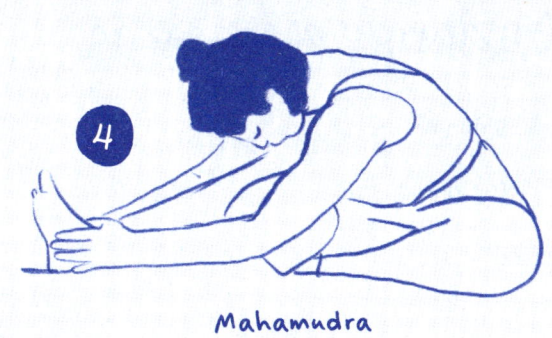

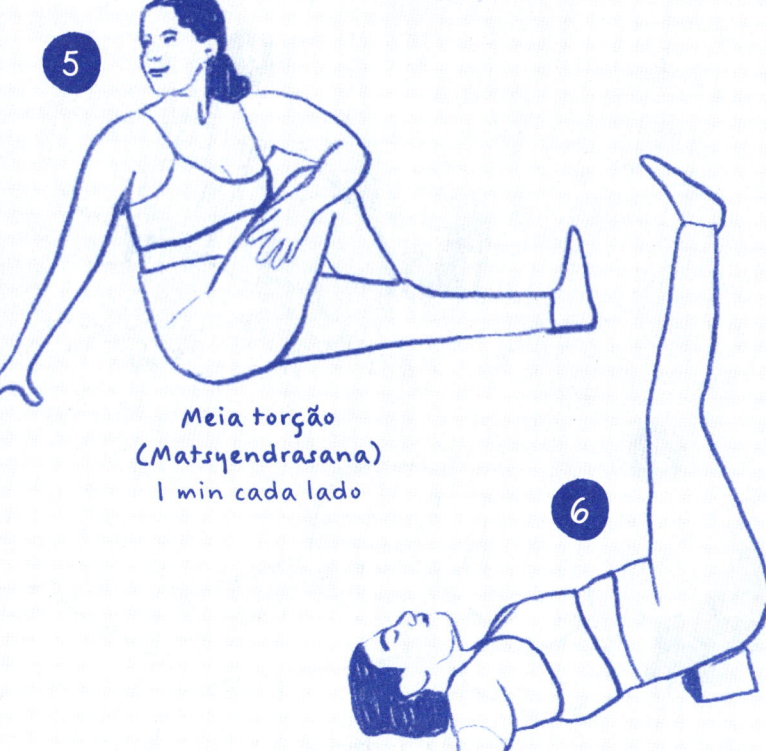

5 Meia torção
(Matsyendrasana)
1 min cada lado

6 Vela com suporte
2 min

Aliviando a exaustão

- ⏰ 19 min
- ☕ Hortelã-pimenta
- 🛏️

1 Vela com suporte
3 min

2 Torção deitada
2 min cada lado

3

Panqueca
3 min

4

Alongamento lateral
2 min cada lado

5

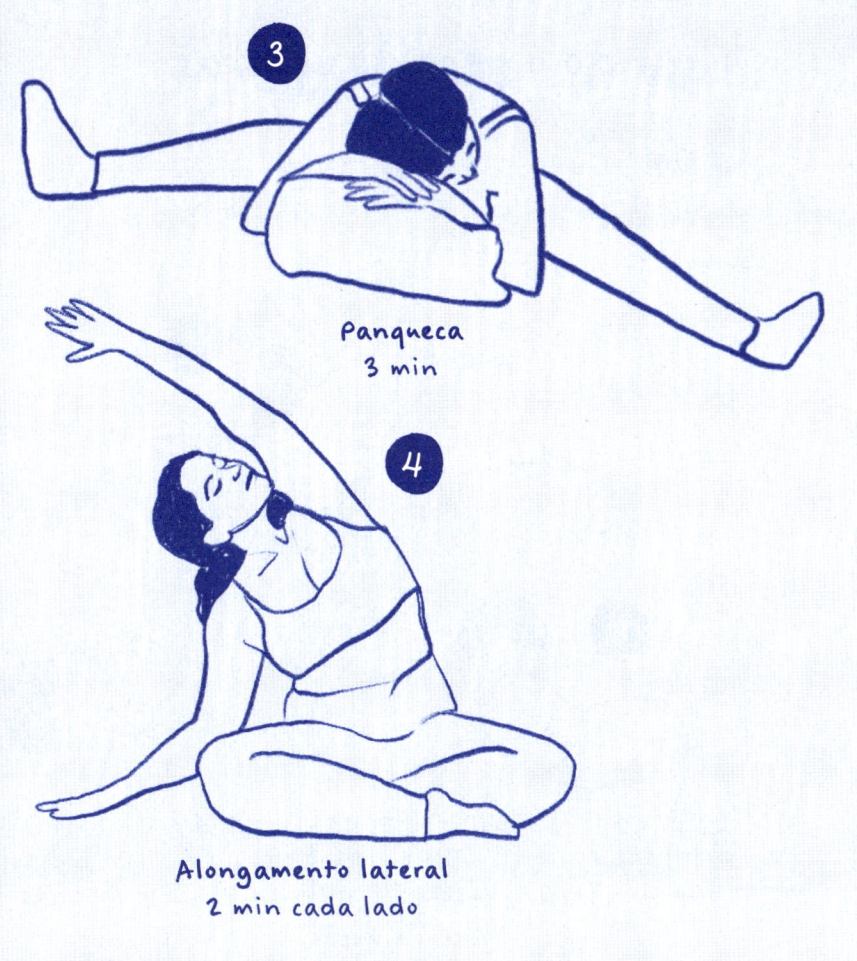

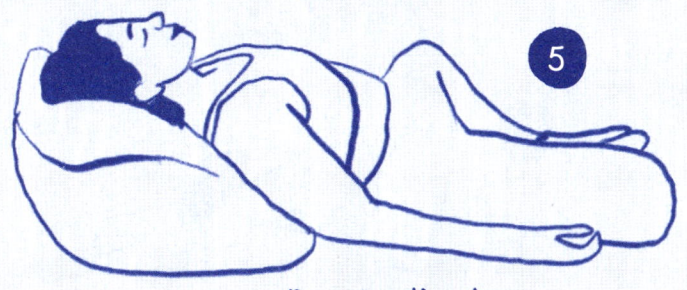

Deusa reclinada
5 min

Tirando o peso das costas

- 🕐 10 min
- ☕ Gengibre
- 🧘

1 Postura da criança
1 min

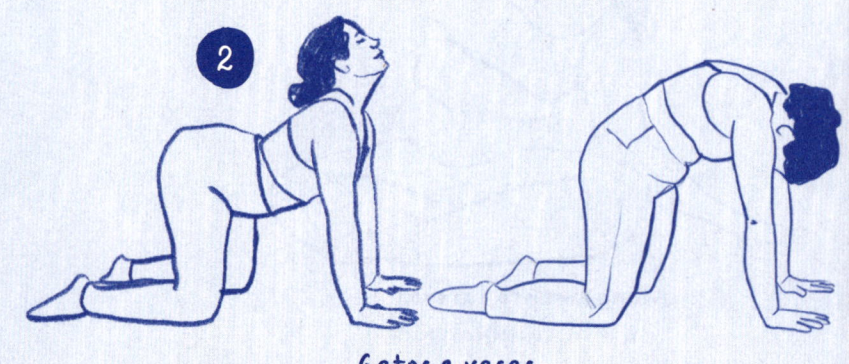

2 Gatos e vacas
2 min

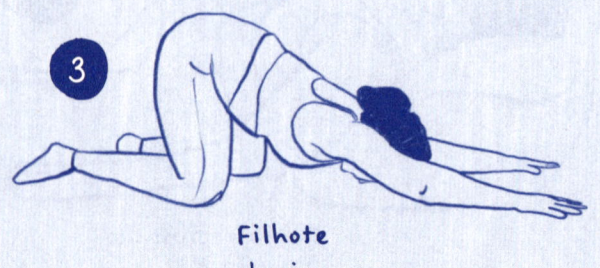

3 Filhote
1 min

4 Alongamento de quadríceps
1 min cada lado

5 Cobra
1 min

6 Cachorro olhando para baixo
1 min

7 Boneca de pano
1 min

8 Malasana
1 min

Energizando as pernas

- ⏰ 12 min
- ☕ Hibisco com cavalinha

1 Flexão com os pés afastados
1 min

2 Cachorro olhando para baixo
1 min

3 Lagarto
1 min cada lado

4 Lua crescente
1 min cada lado

Malasana
1 min

Meio espacate
1 min cada lado

Espacate
1 min cada lado

Halasana
1 min

Despertando a coragem

- 🕰 15 min
- ☕ Chá verde matchá
- 🧘

1. Postura da criança
1 min

2. Tigre
1 min cada lado

3. Lagarto
1 min cada lado

4. Lagarto + torção
1 min cada lado

5. Prancha
1 min

6. Cobra
1 min

7. Barco
1 min

8. Halasana
2 min

9. Torção deitada
1 min cada lado

Acordando com energia

- 5 min
- Mate
- 🧘

1

Gatos e vacas
1 min

2

Cachorro
olhando para baixo
30 s

3 Boneca de pano
30 s

4 Tadasana + alongamento lateral
30 s cada lado

5 Flexão com pés afastados
1 min

6 Tadasana variação
30 s cada lado

Uma dose de amor-próprio

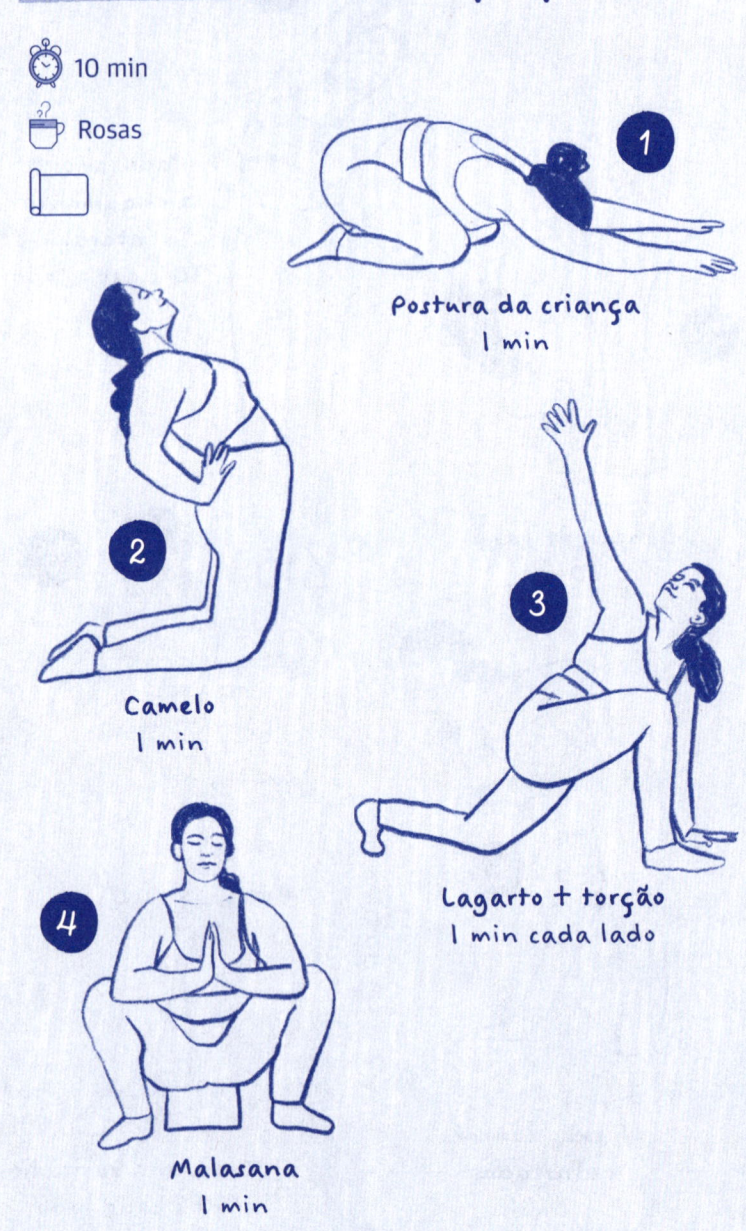

- ⏰ 10 min
- ☕ Rosas

1. Postura da criança
1 min

2. Camelo
1 min

3. Lagarto + torção
1 min cada lado

4. Malasana
1 min

5. Prancha — 1 min

6. Guerreira I — 30 s

7. Deusa — 30 s

8. Guerreira I — 30 s

9. Postura da criança — 1 min

Sou capaz e forte

- 🕐 10 a 15 min
- ☕ Gengibre com limão

1. Lagarto
30 s cada lado

2. Prancha
1 min

3. Lua crescente
30 s cada lado

4. Postura da criança
1 min

5 Tigre
30 s cada lado

6 Meio espacate
1 min cada lado

7 Camelo
30 s a 1 min

8 Postura da criança
1 min

9 Meia lótus + meditação
Livre

Reconheço e abraço os meus limites

🕛 12 min
☕ Erva-cidreira

1. Postura da criança
   1 min

2. Cachorro olhando para baixo
   1 min

3. Lagarto + torção
   30 s cada lado

4. Guerreira I
   30 s cada lado

5. Guerreira II
   30 s cada lado

6 Guerreira invertida
30 s cada lado

7 Variação da Tadasana
1 min cada lado

8 Dançarina
1 min cada lado

9 Torção sentada
1 min cada lado

Concentração e foco

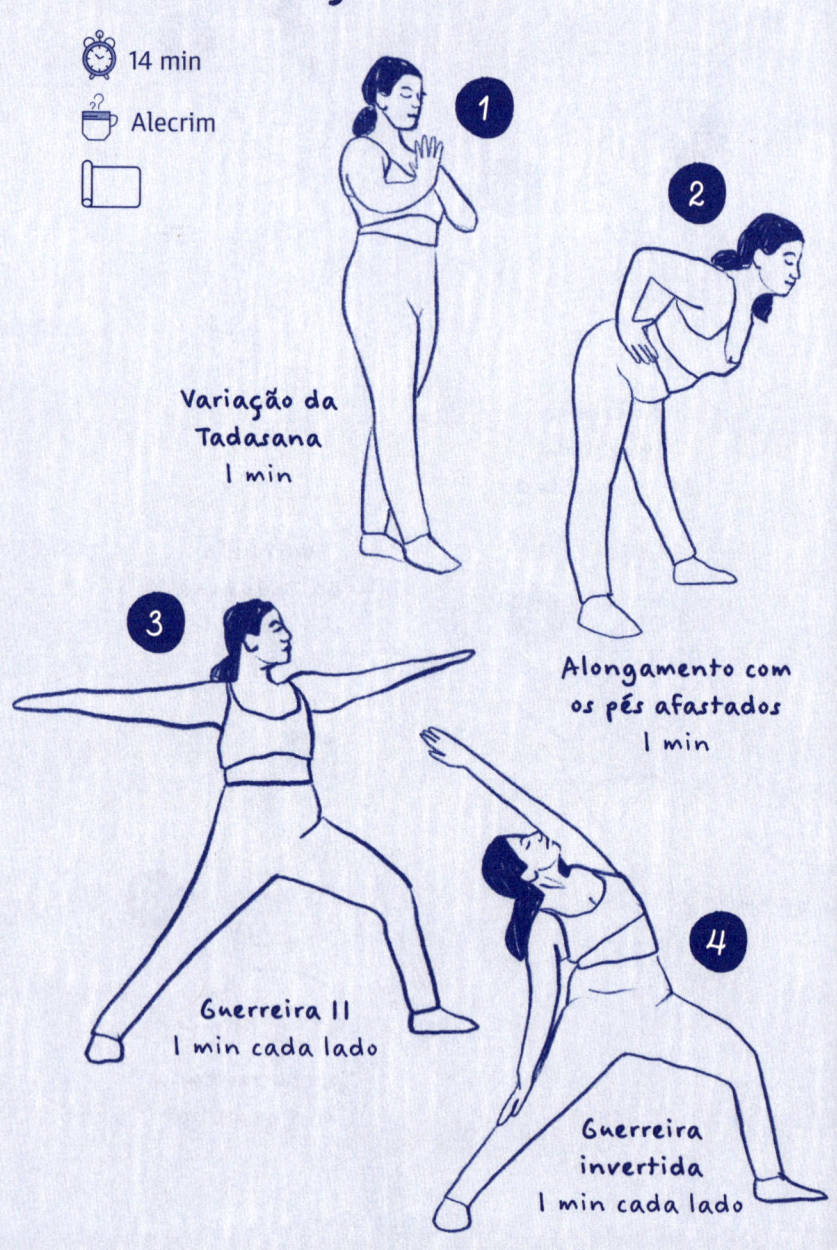

- 14 min
- Alecrim

1 Variação da Tadasana
1 min

2 Alongamento com os pés afastados
1 min

3 Guerreira II
1 min cada lado

4 Guerreira invertida
1 min cada lado

5. Lagarto
1 min cada lado

6. Flexão + torção
1 min cada lado

7. Barco
1 min

8. Ponte
1 min

9. Alongamento lateral
30 s cada lado

Um respiro de conforto

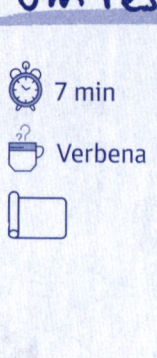

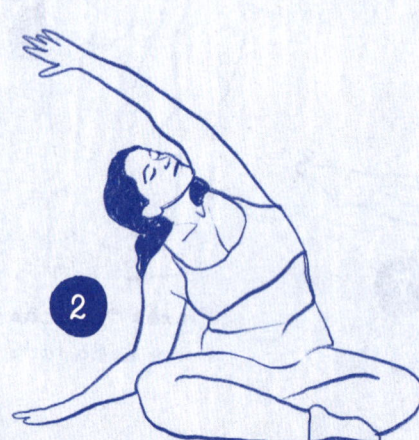

- 7 min
- Verbena

1. Técnica de respiração
Livre

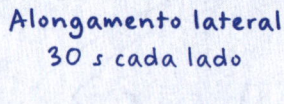

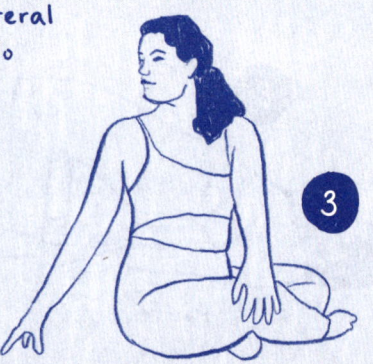

2. Alongamento lateral
30 s cada lado

3. Torção sentada
30 s cada lado

Gatos e vacas
1 min

Malasana
1 min

Boneca de pano
1 min

Borboleta
1 min

157

Aliviando o estresse

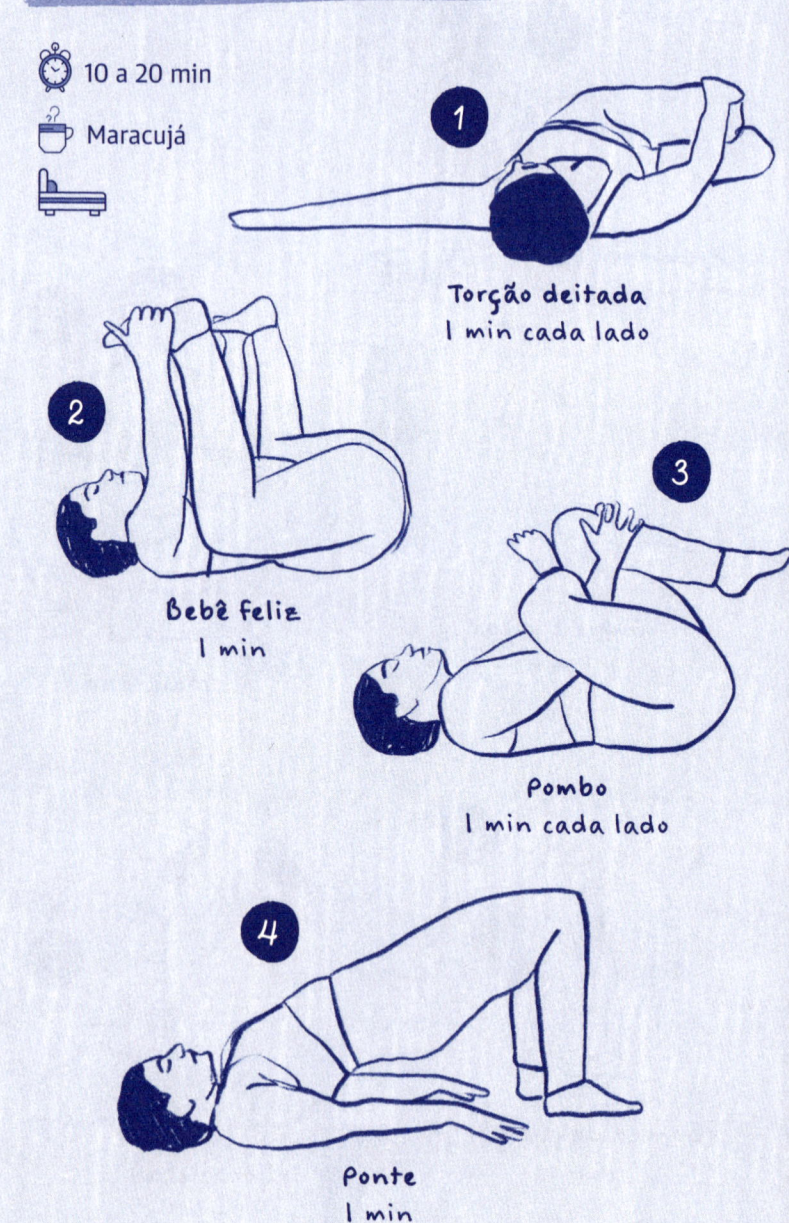

- ⏰ 10 a 20 min
- ☕ Maracujá
- 🛏️

1 Torção deitada
1 min cada lado

2 Bebê feliz
1 min

3 Pombo
1 min cada lado

4 Ponte
1 min

5 Vela com suporte
1 a 5 min

6 Halasana
1 a 5 min

7 Técnica respiratória
Livre

Autocuidado diário 1

- ⏰ 10 min
- ☕ Cúrcuma
- 🧘

1. Postura da criança
2 min

2. Cobra
1 min

3. Cachorro olhando para baixo
1 min

4. Boneca de pano
1 min

5 Flexão + torção
1 min cada lado

6 Guerreira 1
1 min cada lado

7 Bebê feliz
1 min

Autocuidado diário 2

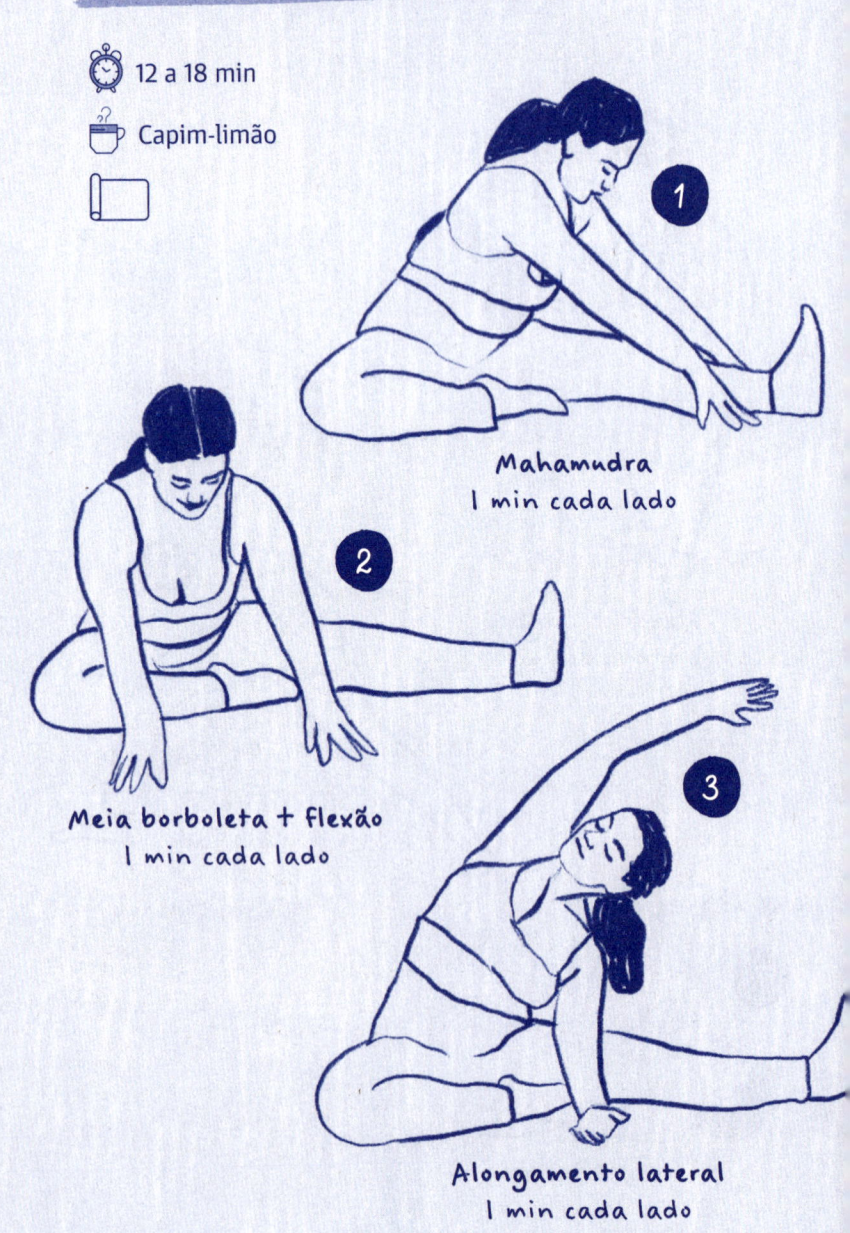

- 12 a 18 min
- Capim-limão

1. Mahamudra
1 min cada lado

2. Meia borboleta + flexão
1 min cada lado

3. Alongamento lateral
1 min cada lado

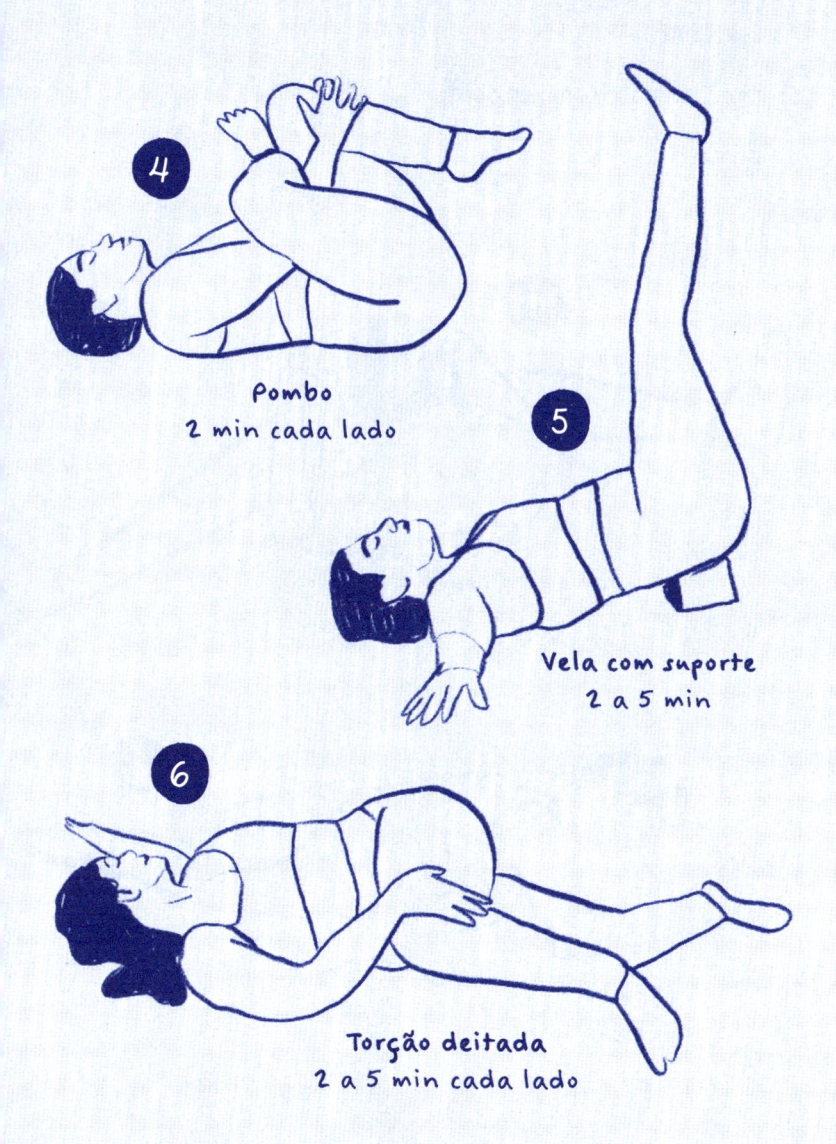

4 Pombo
2 min cada lado

5 Vela com suporte
2 a 5 min

6 Torção deitada
2 a 5 min cada lado

Aliviando cólicas

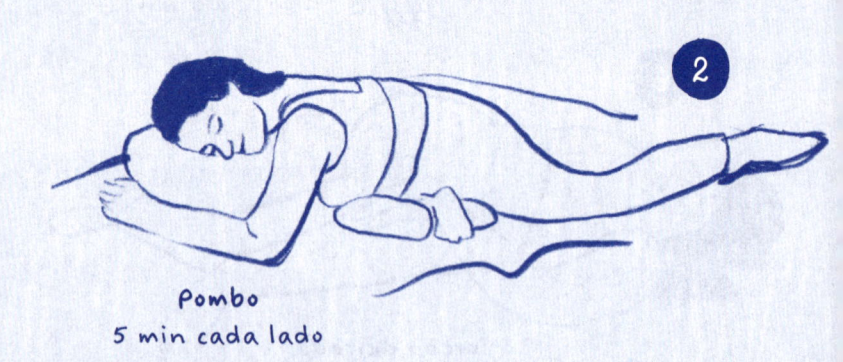

- ⏰ 35 min
- ☕ Erva-doce com gengibre
- 🛏️

1 Panqueca com travesseiro
5 min

2 Pombo
5 min cada lado

3 Torção deitada
5 min cada lado

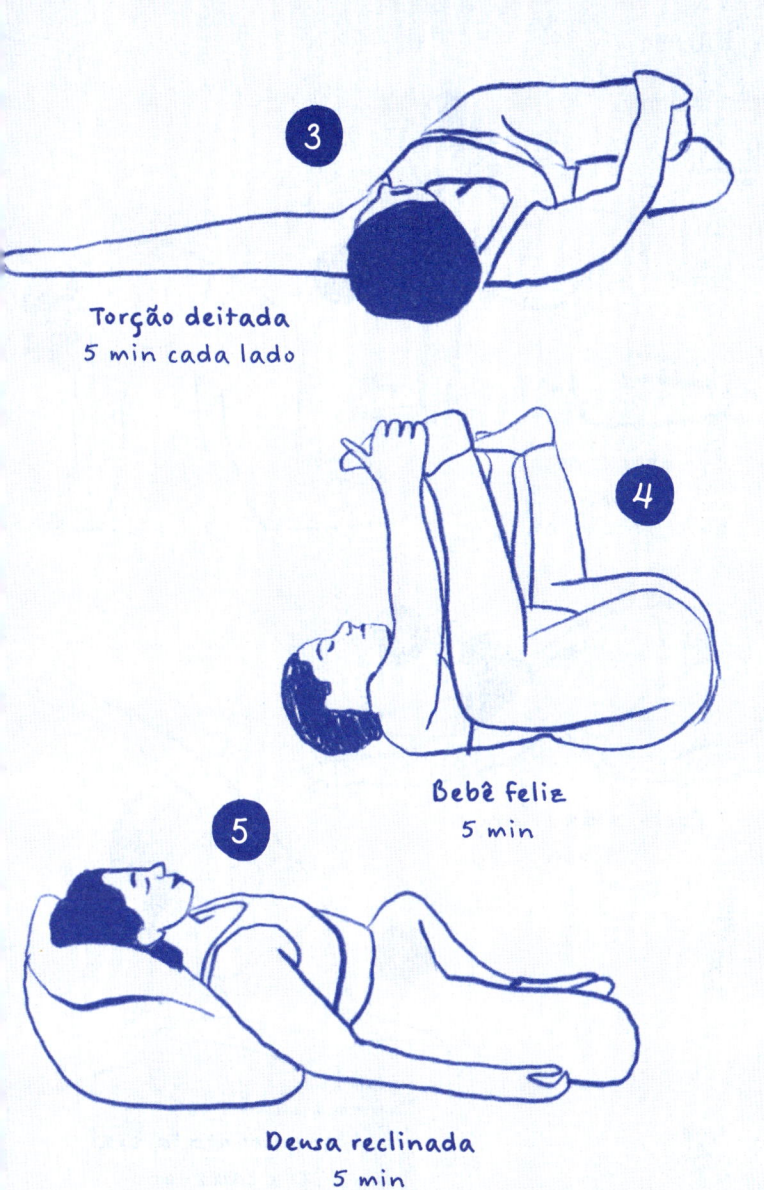

4 Bebê feliz
5 min

5 Deusa reclinada
5 min

Aquietando a mente

- ⏱ 10 min
- ☕ Mulungu
- 🛏

1 Gatos e vacas
1 min

2 Postura da criança
1 min

3 Alongamento lateral
30 s cada lado

4 Mahamudra
1 min cada lado

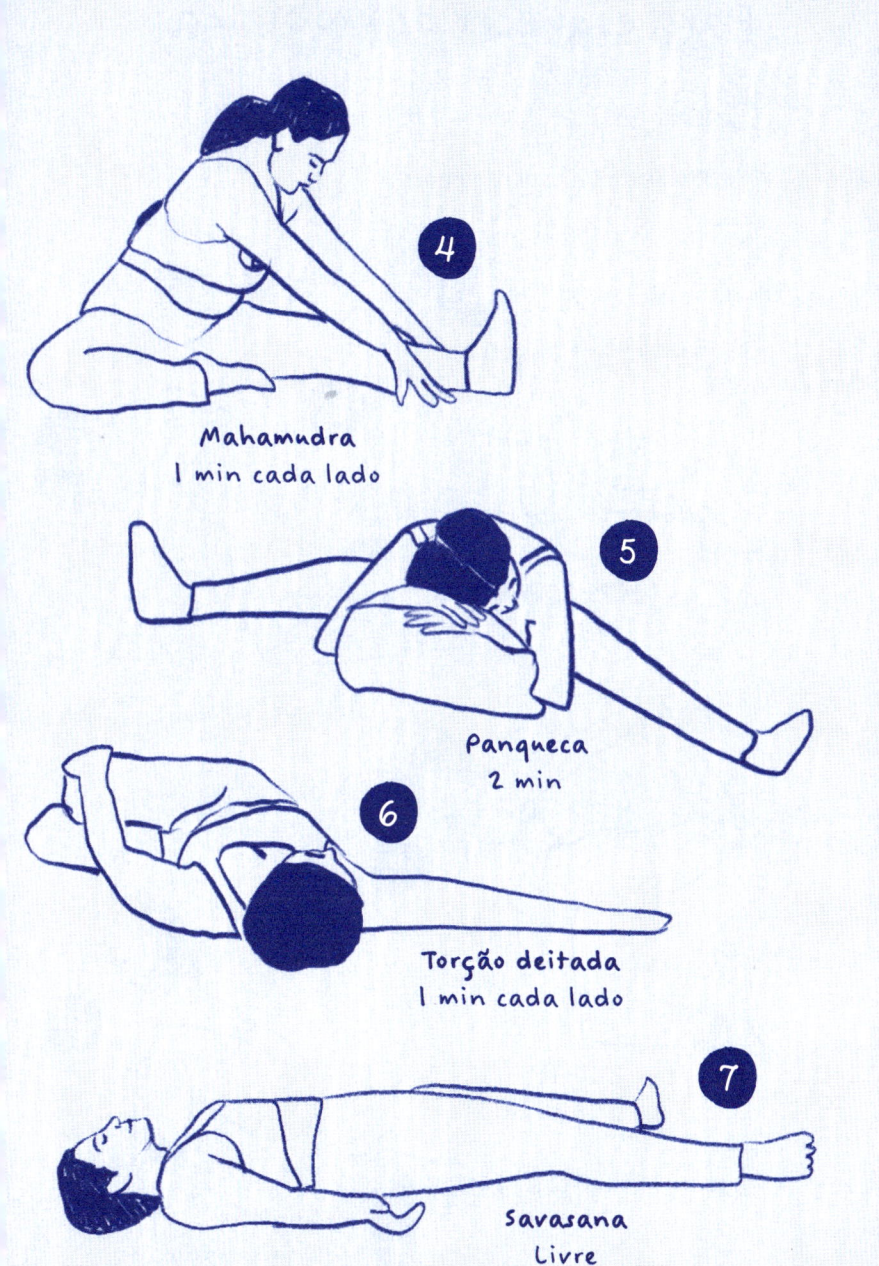

5 Panqueca
2 min

6 Torção deitada
1 min cada lado

7 Savasana
Livre

Para esquecer os problemas

⏱ 8 min

☕ Erva-cidreira com camomila

🧘

1 Gatos e vacas
1 min

2 Tigre
30 s cada lado

3 Lagarto
30 s cada lado

4 Lua crescente
30 s cada lado

5 Meio espacate
30 s cada lado

6 Espacate
1 min cada lado

7 Postura da criança
1 min

Me acolho e me abraço

- 14 a 25 min
- Erva-cidreira com camomila

1 Técnica respiratória
1 a 5 min

2 Alongamento lateral
1 min cada lado

3 Meia torção
1 min cada lado

4. Lagarto
1 min cada lado

5. Malasana
1 min

6. Camelo
1 min

7. Postura da criança
2 min

8. Deusa reclinada
3 a 10 min

(17)

Recadinho final

O yoga foi uma ferramenta, não de cura, mas que me mostrou caminhos para uma qualidade de vida melhor. E são esses caminhos que quis mostrar para você neste livro.

Porque yoga não precisa ser chato, e você não precisa de tanto tempo à disposição nem de flexibilidade para realizar essa prática.

Seu corpo, do jeitinho que ele é, está seguro e é bem-vindo aqui! Suas limitações e qualquer dificuldade serão acolhidas sem julgamentos. E não importa quanto sua vida esteja corrida, o yoga precisa caber na sua rotina.

Siga seu próprio ritmo, ganhe confiança e conhecimento para parar de copiar as posturas e seja livre para praticar o yoga que conversa com o seu corpo.

Obrigada por estar comigo.

Agradecimentos

Este livro não nasceu sozinho. Por dois anos, ele foi parte de mim, crescendo e ganhando vida enquanto eu vivia, mas, de certa forma, toda minha existência me trouxe até aqui. Antes de tudo, quero agradecer aos meus pais, que plantaram em mim o amor pelas palavras e me fizeram sonhar em ser escritora muito antes de eu entender o que era ter uma profissão. Vocês são a raiz de tudo.

Ao meu parceiro, amigo e esposo, Lipe, não tenho palavras que expressem quanto sua presença foi essencial. Você me deu tempo, espaço e, principalmente, paz para escrever sem surtar entre um capítulo e outro. Viver ao seu lado é leve, e nossa casa, nossa rotina, tudo o que construímos juntos, é o que me permite sonhar e realizar. Sem você, este livro não existiria.

Bruna Frog, como te agradecer? Sua arte deu alma a essas páginas de um jeito que só você poderia fazer. Sempre te admirei, e ter você como ilustradora é um presente que ainda me emociona. Até hoje não consigo escolher minha ilustração preferida – todas são tão especiais. Este livro é nosso. Obrigada por fazer parte disso comigo.

Clarissa Melo, você foi a ponte que me levou até a Editora Planeta, e Fernanda Simões Lopes, você foi a mão que me guiou durante toda essa jornada. Obrigada por acreditarem neste projeto e por transformarem um sonho em realidade.

E, claro, preciso agradecer a mim mesma. Escrever este livro foi uma prova de que sou muito mais capaz do que as dúvidas que insistem em aparecer. Com dedicação e calma, somos capazes de realizar qualquer sonho.

Por fim, mas não menos importante, agradeço a todas as mulheres que abriram a casa e o coração para este livro. Ele existe por vocês e para vocês. Aproveitem e mergulhem nele de coração!

Acreditamos nos livros

Este livro foi composto em Enra Sans e
impresso pela gráfica Santa Marta para a Editora
Planeta do Brasil em abril de 2025.